U0689580

谨将本书献给我的双亲

The Peking-Hankow Railroad and Economic
Development in North China, 1905-1937

张瑞德——著 | Chang Jui-te

（1905—1937）

平汉铁路与华北经济发展

中 华 书 局

图书在版编目(CIP)数据

平汉铁路与华北经济发展:1905—1937/张瑞德著. —北京:
中华书局,2020.6
ISBN 978-7-101-14447-5

Ⅰ.平⋯ Ⅱ.张⋯ Ⅲ.①铁路运输-交通运输史-研究-中国
-1905~1937②区域经济-经济史-研究-华北地区-1905~1937
Ⅳ.①F532.9②F129.5

中国版本图书馆 CIP 数据核字(2020)第 041173 号

书　　名	平汉铁路与华北经济发展(1905—1937)
著　　者	张瑞德
责任编辑	刘冬雪
封面设计	周　玉
出版发行	中华书局
	(北京市丰台区太平桥西里 38 号　100073)
	http://www.zhbc.com.cn
	E-mail:zhbc@zhbc.com.cn
印　　刷	北京市白帆印务有限公司
版　　次	2020 年 6 月北京第 1 版
	2020 年 6 月北京第 1 次印刷
规　　格	开本/850×1168 毫米　1/32
	印张 5¾　插页 2　字数 125 千字
印　　数	1-1500 册
国际书号	ISBN 978-7-101-14447-5
定　　价	38.00 元

目 录

序:穿越界线——中国铁路史研究的现状与展望

表格目次

序:穿越界线——中国铁路史研究的现状与展望

一、前言

笔者早期在台湾出版的两本铁路史著作——《平汉铁路与华北的经济发展(1905—1937)》(1987)和《中国近代铁路事业管理的研究——政治层面的分析(1876—1937)》(1991),在三十多年后居然有机会以简体字的形式在大陆出版,感到万分荣幸。

拙著近年被一些素未谋面的学者谬许为"后续研究的一个重要指向标"[①],甚至是"铁路史的经典著述"[②]。自是愧不敢当。其实在1960、1970年代的台湾,由于中研院藏有总理衙门的档案,洋务运动又是当年的热门议题,关注铁路的学者自然也较多,笔者的研究即受益于李国祁、李恩涵、王树槐、何汉威等师友之处甚多。拙著在台湾出版后,在大陆基本上是无人闻问。直到本世纪初,铁路史的研究在几位学者(包括江沛、朱从兵、马陵合等)的推动下成为显学之一,拙著才稍受关

---

① 熊亚平,《铁路与华北乡村经济变迁(1880—1937)》(北京:人民出版社,2011年),页15。

② 布拉格之夜,《铁路强则国家强》,《中国出版传媒商报》,2016年5月27日。

注,并获邀在大陆出版。

三十年的老书要在大陆出版,至少应将三十年来的相关研究成果稍加回顾并进行对话。不过由于成果十分丰硕,也不时有学者撰写研究综述的文章予以介绍①,故在此不再赘述。以下仅就个人兴趣所及,挑选一些研究成果略加介绍,并列举一些未来值得深入研究的课题,提供大家参考。由于个人阅读范围有限,挂一漏万之处在所难免,尚希方家指正。

二、官僚组织的专业化

亚洲四小龙崛起后,美国学者柯伟林(William C. Kirby)于 1980年代后期提出国民政府并不是在战后台湾才扮演发展型政府(developmental state)的角色,其实在战前十年即已是如此。② 此种说法出现后,激起了大量学者研究国民政府的各种专业机构和政策,影响极大。③

---

① 江沛,《中国近代铁路史研究综述及展望(1979—2009)》,《近代史研究》编辑部编,《过去的经验与未来的可能走向——中国近代史研究三十年(1979—2009)》(北京:社会科学文献出版社,2009 年),页 505—526;崔罡、崔啸晨,《中国铁路史研究综述及展望》,《西南交通大学学报(社会科学版)》,2016 年第 5 期;岳鹏星,《当代大陆学人与中国铁路史研究》,《社会科学动态》,2018 年第 7 期;Har Ye Kan, "From Transport to Mobility in Modern China: A Survey of the Field," *Mobility in history* 5:1(Jan 2014), pp. 150-160.

② William C. Kirby, "Engineering China: Birth of the Developmental State, 1928-1937", in Wen-hsin Yeh, ed., *Becoming Chinese: Passage to Modernity and Beyond* (Berkeley: University of California Press, 2000), pp. 137-160.

③ 最具代表性的著作包括:Julia C. Strauss, *Strong Institutions in Weak Politics: State Building in Republican China, 1927-1940* (Oxford: Clarendon Press, 1998); David Allen Pietz, *Engineering the State: the Huai River and Reconstruction in Nationalist China, 1927-1937* (New York: Routledge, 2002); J. Megan Greene, *The Origins of the Developmental State in Taiwan: Science Policy and the Quest for Modernization* (Cambridge, Mass.: Harvard University Press, 2008).

不过也有一些学者提出了一些质疑,例如朱莉(Julia C. Strauss)即认为专业技术机构(technocracy)(发展型政府的基础)的雏型应上溯至 1910 年代的袁世凯及北京政府。①

其实早在 1973 年,美国学者墨子刻(Thomas A. Metzger)即曾在其所著《清代官僚机构的内部组织:法律、规范与沟通》(*The Internal Organization of Ch'ing Bureaucracy: Legal, Normative, and Communication Aspects*)一书中指出清代官僚组织已相当专业化:第一,由《漕运全书》和《两淮盐法志》等书编纂官员的学养和资历,显示清代官僚已有相当程度的专业化,至少要求具有相关的经验;第二,由六部额外司官的分发实习制度,也可看出专业化的倾向;第三,以盐缺为例,清政府对某些职官要求需要有专业的资格;第四,六部京官重视久任,借以累积经验。② 墨子刻此书的立论基础,主要是以其对陶澍任两江总督时期的盐政所做研究,具有多大的代表性,颇有问题;所讨论的时段,也仅限于鸦片战争以前的清代。不过,他所提出的论点甚具开创性,引发了后来许多学者的研究。

法国学者魏丕信(Pierre-Etienne Will)研究清代政府在灾荒救济、兴办并维持大规模的水利工程、仓储制度,以及促进经济发展上所做的努力,发现清代出现了一批行政菁英(an "administrative elite")。这批人不仅包括官员,也包括幕友和其他对行政有兴趣的人,他们积极进取,具有为民服务的责任感,并且自我期许甚高。在刑部,有许多官员

① Julia C. Strauss, "The Evolution of Chinese Government," in Frederic Wakeman, Jr. and Richard Louis Edmunds, eds., *Reappraising Republican China* (Oxford: Oxford University Press, 2000), pp. 81-82.

② Thomas A. Metzger, *The Internal Organization of Ch'ing Bureaucracy: Legal, Normative and Communication Aspects* (Cambridge, Mass.: Harvard University Press, 1973), chapter II.

甚至是律学名家。① 徐忠明、杜金研究清代刑部官员任职、办案和法学素养，也认为此时的刑部已是一法律专业化程度颇高的机构。整个清代司法，出现专门化的现象。② 郑小悠的研究则指出，清中叶以后，清廷对刑部的人事制度进行了一系列成功的改革，重视久任，刑部司官仕途前程之光明在六部司官中首屈一指，激励刑部官员勤勉读律，是以乾隆以后，官员的法律专业化水平开始突飞猛进，晚清甚至出现以司法实践带动律学研究的风气。秋审处官员尤其精于律例，而与河务、边材并号"专家学"，有明显的技术官僚倾向，在京官中独树一帜，甚至刑部堂官也多由本部司官外放后升转而来，终身不迁。这些特殊的制度和人事安排，均促使刑部官员自我的专业认同增强。③ 和农业相提并论的是河工、水利。自康熙将治河列为三大政之一，两江三省的督抚便开始了对河工的参与，在执掌上被赋予河工的职责，随着地方督抚兼任河道总督的体制在雍正朝形成，乾隆又在官制上予以完善，导致出现两江总督大多为治河专家的现象，其中具有代表性的人物有那苏图、尹继善、高晋等，均有以两江总督或巡抚身份兼任河督的经历，均可谓技术官

---

① 魏丕信著，李伯重译，《明清时期的官箴书与中国行政文化》，《清史研究》，1999年第1期；魏丕信著，张世明译，《在表格刑事中的行政法规和刑法典》，《清史研究》，2008年第4期。

② 徐忠明、杜金，《清代司法官员知识结构的考察》，《华东政法学院学报》，2006年第5期；杜金、徐忠明，《读律生涯：清代刑部官员的职业素养》，《法制与社会发展》，2012年第3期。

③ 郑小悠，《清代刑部官员的选任、补缺与差委》，《清史研究》，2015年第4期；郑小悠，《清代刑部官员的形象：自我期许与外部评价》，《北京师范大学学报（社会科学版）》，2015年第1期。

僚。[1] 最近陈恺俊和高彦颐更用技术官僚文化(technocratic culture)一词,形容清代内务府包衣群体有别于一般文官的专业文化。[2]

不过笔者认为,传统中国官僚机构固然已有专业化倾向,但清末政府由于因应新兴情势的需求,开始重视专业人才,给予外务、邮传、度支等部官员特别优厚的待遇,北京政府又为技术官僚建立特殊的升迁及薪俸制度,对于官僚系统之专业化所作的努力,实在中国历史上前所未见。清末詹天佑以自力完成京张铁路,工程司在中国社会中的地位顿时得以提升,对于社会价值观念的转变具有极大的影响。[3] 1920 年代一项针对清华学校 154 名 1924—1926 级(高三到大一)学生所作问卷调查显示,受访者对于各种职业的兴趣依序为:公司经理、社会改革者、工程师、农家、教员、教育行政者、学术研究者、著作家、银行家、军官、美术家、官吏、内科医生、外科医生、律师、秘书、青年会服务者。[4] 这充分显示出清末民初政府政策对民众价值观的影响。

讨论专业化问题,必须提及专业团体。在铁路的专业团体方面,最重要的应为中华全国铁路协会。该会成立于 1912 年,梁士诒、叶恭绰

---

① 刘凤云,《两江总督与江南河务:兼论 18 世纪行政官僚向技术官僚的转变》,《清史研究》,2010 年第 4 期;刘凤云,《十八世纪的"技术官僚"》,《清史研究》,2010 年第 2 期。

② Kaijun Chen, "The Rise of Technocratic Culture in High-Qing China: A Case Study of Bondservant (Booi) Tang Ying (1682-1756)," unpublished dissertation, Columbia University, 2014; Dorothy Ko, *The Social Life of Inkstones: Artisans and Scholars in Early Qing China* (Seattle and London: University of Washington Press, 2017).

③ 张瑞德,《中国近代铁路事业管理的研究——政治层面的分析(1876—1937)》,页 222。

④ 庄泽宣、侯厚培,《清华学生对于各学科及各职业兴趣的统计》,《清华学报》,第 1 卷第 2 期(1924 年 1 月),页 287—304。

为首任正、副会长。马陵合是最早研究此一团体的学者,他的研究发现铁路协会的主要功能在于构建以铁路界人士为主体的人际关系网络,展示铁路界的社会影响力,协会的治理机构具有明显的权威型模式。铁路部门在近代中国以国有性质居于主导地位,政策和营运管理合一,协会领导阶层每多担负铁路路政实际责任,因此缺乏专业团体的独立性格。[①] 马陵合的论文讨论范围限于北洋时期,柏冠冰和张学君的硕士论文则分别对国民政府时期的史实予以补充。[②] 同样成立于1912年中国工程师学会则是近代中国最大的科技团体,1950年学会结束时有会员 16,000 余人。房正的《近代工程师群体的"民间领袖":中国工程师学会研究(1912—1950)》一书对此学会的历史作了全面性的研究,尤其注重探讨其与工程师群体、其他工程学会以及政府之间的关系。[③]

另外值得一提的是 1919 年成立于北京的中美工程师协会。根据吴翎君的研究,此团体为美国在华工程师和留美归国学人所组成的联谊性组织,其成立宗旨除了促进工程学的知识与实际经验、培养同侪合作精神、树立工程专业规范等目标,最终目的在于协助中国解决各工程建设所遭遇的实际问题。此组织创建之始曾受到中美两国政府的支持,荣誉会员包括北京政府交通部官员和美国驻华公使,会员则大多为投身中国各项公共建设的工程师。该协会不仅和美国的重要工程团体相互联结,与英人在上海创办的中华国际工程学会(the Engineering Society of China)形成南北相互辉映的组织,并且和中国本土的工程师

[①] 马陵合,《北洋时期中华全国铁路协会研究》,《史林》,2009 年第 3 期。

[②] 柏冠冰,《路事与国事:中华全国铁路协会研究(1912—1936)》,未刊硕士论文,华中师范大学,2017 年;张学君,《民国时期中华全国铁路协会研究》,未刊硕士论文,河北大学,2018 年。

[③] 房正,《近代工程师群体的"民间领袖":中国工程师学会研究(1912—1950)》(上海:经济日报出版社,2014 年)。

学会,也有微妙的互动关系。①

　　民国时期政治长期动荡不安,甚至内战频繁,对于官僚专业化的发展至为不利。雷环捷以铁路界人士曾鲲化一生经历为例,说明技术官僚在乱世中难以维持专业的独立性。曾鲲化(1882—1925),湖南人,1902年赴日,初学陆军后改学铁路,1906年于岩仓铁道专门学校管理科毕业,返国后赴各地进行调查,并将调查所得撰写成《中国铁路现势通论》(1908)一书,出版后受邮传部尚书陈璧重视,获邀入部服务。民国成立后,历任交通部统计科长、路工司长、路政司长兼京汉铁路管理局局长。1917年曹汝霖任交通总长,曾鲲化因非交通系亲信,被贬调为株萍铁路局局长。护法战争时期,又因向北京交通部汇报战场实情,被湖南督军傅良佐以误报军情为由抓捕扣押,并拟枪毙,引起各方关切,舆论哗然。后因傅良佐北逃,段祺瑞下台,案件方告结束。返京后虽仍供职交通部,但仅能担任在参事上行走、交通史编纂委员会总纂等虚职,显示出技术官僚在乱世中的无奈。②

三、帝国主义与中国铁路

　　1949年后,大陆的铁路史研究长期为革命史范式所笼罩,改革开放后,逐步呈现出百花齐放的盛况。然而,帝国主义对中国铁路影响深远,至今仍有许多课题尚待研究,例如列强与中国铁路借款有关的大企业,像中英银公司(the British and Chinese Corporation)、福公司(the Pekin Syndicate)、合兴公司(the American China Development

---

　　① 吴翎君,《推动工程国家:中美工程师协会在中国(1919—1941)》,《近代史研究》,2018年第5期。

　　② 雷环捷,《民国初年的技术官僚与科技转型之殇:曾鲲化误报军情事件探析》,《自然辩证法通讯》,2019年第9期。

Company)这些,至今只有景复朗(Frank H. H. King)和薛毅曾对福公司做过专门的研究①,值得学者继续努力。在近代铁路事业专业化的过程中,列强所扮演的角色十分重要,中国铁路界的著名外籍人士,至少有以下两位值得研究:

第一位是亚当斯(Henry Carter Adams,1851-1921),曾协助中国统一铁道会计。亚当斯,约翰霍普金斯大学(Johns Hopkins University)博士,曾任教于该校、康奈尔大学及密歇根大学,1895年当选为美国经济学会会长。1913年,京汉铁路会办王景春(伊利诺伊大学铁道工程博士)鉴于各路账目格式纷杂,紊乱无章,管理得失无从比较,成绩优劣难以考核,路产盈亏也未能尽悉,遂提议统一铁路会计。交通部采其议,设立统一铁路会计委员会,指派部局精通会计人员,并延聘美籍顾问亚当斯共同筹议,根据会计原理,参考各路现行办法,讨论经年,议成各种会计统计则例十种。施行三年,而后统一规模始立。当时同时和亚当斯一起在北京工作的西方顾问共有十八位,不过并非作为装饰门面之用者,据亚当斯表示,仅有他自己一人而已。除了铁路事务,亚当斯还提供了有关货币、银行及工人赔偿等政策方面的建议。他1921年过世时,交通部曾致电吊唁。② 亚当斯个人文件现收藏于美国密歇根大学档案馆,尚乏人利用。

第二位重要的铁路界外籍人士是曾主持勘测粤汉铁路的美籍工程

---

① Frank H. H. King, "Joint Venture in China: The Experience of the Pekin Syndicate, 1897-1961," *Business and Economic History* 19(1990), pp. 113-122;薛毅,《英国福公司在中国》(武汉:武汉大学出版社,1992年),第4章。

② 张瑞德,《中国近代铁路事业管理的研究——政治层面的分析(1876—1937)》,页88—89;Paul B. Trescott, "Western Economic Advisers in China, 1900-1949," *Research in the History of Economic Thought and Methodology* 28-A(2010), pp. 6-7.

司柏生士(William Barclay Parsons，1859-1932)。柏生士，美国哥伦比亚大学毕业，1894 年任纽约捷运工程委员会(the New York Rapid Transit Commission)总工程司，负责设计纽约首段跨区地铁(Interborough Rapid Transit，IRT)，并于 1904 年通车。1898—1899 年受合兴公司之托，奉湖广总督张之洞之邀至中国勘测一千余英里的粤汉铁路，任总工程司。他 1885 年创办的工程公司，今日已成为全球著名的工程设计与顾问公司，20 世纪以来曾参与不少重要的大型工程，例如底特律与温莎之间的隧道(Detroit-Windsor Tunnel)、1939 年的纽约世界博览会，以及旧金山、亚特兰大、新加坡、台北等地的捷运系统。晚近中国铁路史的著作对于此重要人物大多仅略微提及[1]，尚乏专门的研究，收藏于纽约市立图书馆和哥伦比亚大学图书馆的柏生士个人档案仍有待学者去开发利用。

四、铁路与国族想象

铁路的出现，自然有助于旅行及旅游业的发展。关于近代中国的旅行和旅游业，学者的研究已多[2]，晚近有学者开始注意到铁路旅行与国族想象之间的关联。莫亚军、马守芹和李睿的研究，均显示铁路旅行、铁路旅行指南和游记等关于铁路旅行的书写，合力塑造了国民的集

---

[1]　例如:朱从兵，《张之洞与粤汉铁路:铁路与近代社会力量的成长》(合肥:合肥工业大学出版社，2011 年)，页 93—97；Elisabeth Koll, *Railroads and the Transformation of China* (Cambridge, Mass.：Harvard University Press，2019)，p.40.

[2]　苏全有，《对近代中国旅游史研究的回顾与反思》，《河南科技学院学报》，2011 年第 9 期；Yajun Mo, " Boundaries and Crossings：Mobility, Travel；and Society in China，1500-1953, A Survey of the Field," *Mobility in History* 6 (2015)，pp.150-157.

体记忆和国族认同。[1]

董玥的研究则注意到了列强对中国铁路的控制,如在东北地区旅行须受制于日俄两国——如大连至沈阳、长春的火车为日本南满铁道所经营,而由长春往哈尔滨的火车则操于俄人之手,因此乘火车旅行有时颇为复杂。[2] 美国学者 Dylan P. Brady 的研究也指出,铁路从长期来看固然有助于国族的形塑,但是从短期来看却未必如此。1949 年以前,国民政府有效统治的区域有限,列强势力影响大的地区如东北,中长铁路和南满铁路或许的确激发了东北地区(甚至全国)民众的民族主义,至于各地方军系在势力范围内所掌控的铁路,强化的或许仅仅是区域内部的治理和区域性的政治意识,各区域的情况可能均不相同,值得作深入的探讨。[3] 陈蓓最近的研究则聚焦于浙江省名胜导游局于 1934 年筹划的东南五省交通周览会,发现浙江省政府与企业界和文化界合作,透过国府有效治理下的五省交通工具和景点的商品化,成功地强化

---

[1] Yajun Mo, "Itineraries for a Republic: Tourism and Travel Culture in Modern China, 1866-1954," unpublished Ph. D. dissertation, University of California, Santa Cruz, 2011；马守芹,《"风景"的发现:近代铁路旅行风潮与国族建构(1923—1937)》,未刊硕士论文,南京大学,2013 年；李睿,《民国铁路旅行指南研究(1912—1937)》,未刊硕士论文,苏州大学,2018 年。

[2] Madeleine Yue Dong, "Shanghai's China Traveler," in Madeleine Yue Dong and Joshua Lewis Goldstein, eds., *Studies in Modernity and National Identity: Everyday Modernity in China* (Seattle: University of Washington Press, 2006), pp. 211-219.

[3] Dylan P. Brady, "Forging the Nation through Rails: Transportation Infrastructure and the Emergence of Chinese Nationalism," unpublished M. A. thesis, University of Oregon, 2013.

序：穿越界线——中国铁路史研究的现状与展望 /11

了国人的民族意识。[1]

五、技术工人群体

笔者所著《中国近代铁路事业管理的研究——政治层面的分析（1876—1937）》一书曾以两章的篇幅讨论铁路员工群体，包括这批人的培育与训练、组成与任用、待遇与升迁。[2]

1995年，澳洲学者司马辉（Stephen L. Morgan）完成有关民国时期铁路员工生活的博士论文，其特色为强调铁路事业相对优渥的薪资福利制度、重视年资的升迁制度与对纪律的严格要求（有如军队和监狱）。[3] 孙自俭的《民国时期铁路工人群体研究：以国有铁路工人为中心（1912—1937）》（2013）一书，则为目前有关此问题最为详尽的著作，其中有关铁路工人组织以及铁路工人和政府关系的部分，颇具特色。[4]

在铁路员工中，笔者以为技术工人特别值得重视，而有继续研究的必要。

铁路界的技术工人，最重要的是机械工人，其来源有以下两种：

第一，外资工业。近代机械工人的产生，始于鸦片战后外资工业的

---

① Pedith Chen, "In Search of the Southeast: Tourism, Nationalism, and Scenic Landscape in Republican China," *Twentieth-Century China* 43:3 (Oct. 2018), pp. 207-231.

② 张瑞德，《中国近代铁路事业管理的研究——政治层面的分析（1876—1937）》，第4—5章。

③ Stephen L. Morgan, "Chinese Railway Lives, 1912-1937," unpublished Ph. D. dissertation, Australian National University, 1995; Idem, "Personnel Discipline and Industrial Relations on the Railways of Republican China," *Australian Journal of Politics and History* 47:1(2001), pp. 24-38.

④ 孙自俭，《民国时期铁路工人群体研究：以国有铁路工人为中心（1912—1937）》（郑州：郑州大学出版社，2013年）。

雇工,如 1845 年外资开始在广东设立船坞。五年之后,上海也出现了外资的船坞,所雇佣的熟练技工,第一批即来自广东。甲午战后,列强在各通商口岸大量设厂,自行训练了许多粗细工人和工头。

第二,国人自营的公民营工业。1860 年代,清廷开始经营近代军事工业,其中尤以江南制造局、福州船政局和天津制造局三大局最为重要,日后陆续创办的中小型兵工厂,技术工人即多与此三局有关。

据统计,1894 年时,清政府经营的军事工业和煤铁业雇用工人人数约为 12,000—13,000 人。至于早期的民营工业,大多集中于各通商口岸,甲午战前民营造船、铁工、机器修理业的雇佣工人人数,则已有 27,000 余人①。

铁路界机械工人的来源既如此多元,则早期轮船业和兵工业与铁路界之间技术工人的流动情形,甚至整个近代中国的技术工人群体,即成为亟待研究的重大课题。

六、铁路土地取得问题

购地的支出占铁路修筑成本比例甚高,征购的过程也关乎地方社会的稳定,因此这成为晚近学者所关注的议题之一。

丁戎研究津浦铁路的购地问题,发现购地过程中购地总局非常注意与地方合作,授予绅士购地员司一职,作为沟通路局与民众的桥梁。购地时如遇纠纷,购地总局即会推出购地委员、地方官员、乡绅、地保,经由官员的权威和乡情的软化,每每能将事情解决。② 美国学者柯莉莎(Elisabeth köll)则利用一些德国档案,指出津浦路公司为了避免引

---

① 张瑞德,前引书,页 185—189。

② 丁戎,《津浦铁路工程时代建设用地购买问题解读》,《兰台世界》,2012 年第 4 期。

发抗议及冗长的交涉,所提供给地主的每亩价格常高于当地市场价格。
许多中介甚至成功地将地主的土地划归为坟地,借以在谈判过程中议
得较高的价格。柯莉莎发现除了津浦铁路,其他铁路对于沿线坟地也
多有优惠的补偿办法,如中东铁路对迁坟的地主即多给八两补偿金。
根据美籍工程司柏生士的回忆,此种优厚的补偿方案不仅有助于路方
取得土地顺利施工,也造成地方上一些炒地人士每当获知路线图,即接
洽沿线坟地所有人,为他们申办八两的迁坟补助,中间人也可从中获取
中介费。[1] 不过沈悦和谭桂恋的研究却指出,中东铁路公司对土地征
购及农作物的赔偿,未能给付合理的价格,尤其是在南满支线一带根本
无法令居民另谋生路,造成抗拒风潮层出不穷。[2]

至于中国自办的铁路,曾伟对于萍乡铁路的研究发现,萍乡铁路的
土地征购过程为路矿当局、地方政府和沿线世家大族三方面博弈的结
果。从征购价格来看,家族势力决定了地价从优,沿线民众也共沾其
利;至于征地机构,则由路矿当局联合地方政府,延聘地方士绅组织购
地局完成。在征购过程中,路矿当局遵循民间土地交易习惯,对私用和
公用采取灵活变通的交易方式,保持公用的收入和所有权结构不被改
变。此外,针对失业业主和佃农,路矿当局与地方政府也予以相当的
安置。[3]

进入民国以后,由于民智渐开,铁路的土地征收问题日益复杂,稍
有处置不当,即易引发社会动荡。例如1932年秋至1933年春,上海为

---

[1]　Köll, *Railroads and the Transformation of China*, pp. 38-40.
[2]　沈悦,《东省铁路研究(1897—1913)》,未刊博士论文,吉林大学,2014年;
谭桂恋,《中东铁路的修筑与经营(1896—1917):俄国在华势力的发展》(台北:联
经出版公司,2016年),页154—161。
[3]　曾伟,《近代土地的征购及其实现——以萍乡铁路为例》,《中国社会历史
评论》,第17卷下(2016年),页191—205。

兴建京沪、沪杭甬铁路联运总站征地,引发民众的请愿行动,国民政府铁道部等机构,京沪、沪杭甬铁路管理局,上海市政府,被征收区域的基层官民,甚至中共地下党均先后卷入,使一次单纯的土地纷争演变为一场严重的社会风潮。岳钦韬等人对此事件所作研究,认为铁道部暂停联运总站等工程的原因,除了日军入侵热河时局不定外,征收者和被征收者的对抗和土地征收的失败也是关键性的因素。[①] 铁道部采纳了京沪、沪杭甬铁路管理局长陈兴汉违背上海市政府"大上海计划"理念的规则方案,因此,"大上海计划"流产的主因并非如前人所说的战争[②],而是与铁路改造规则的中辍密不可分。[③]

七、铁路对集市的影响

关于铁路的出现对于近代中国城镇体系所产生的影响,近三十年的研究成果丰硕[④];对于集市的影响研究虽少,但是甚具特色。[⑤] 上个

---

① 岳钦韬,《民国时期的铁路土地征收与社会风潮——以京沪、沪杭甬铁路上海联运总站征地案为例》,《民国档案》,2016 年第 1 期。

② 郑祖安,《国民党政府"大上海计划"始末》,收于:谯枢铭等,《上海史研究》(上海:学林出版社,1984 年);余子道,《国民政府上海都市发展规则论述》,《上海研究论丛》,第 9 辑(上海:上海社会科学院出版社,1993 年);Kerrie L. MacPherson,"Designing China's Urban Culture:the Greater Shanghai Plan, 1927-1937," *Planning Perspectives* 5:1(1990),pp. 39-62;张晓春、常青,《文化适应与中心转移:近现代上海空间变迁的都市人类学研究》(南京:东南大学出版社,2006 年);俞世思,《1929 年"大上海计划"的特点及其失败原因初探》,《历史教学问题》,2014 年第 3 期。

③ 岳钦韬,《土地征收与"大上海计划"之铁路改造规则的中止》,《上海师范大学学报(哲学社会科学版)》,2016 年第 4 期。

④ 江沛等人的《城市化进程研究》(南京:南京大学出版社,2015 年)为较新的集大成之作。

⑤ 熊亚平、张利民,《近代华北集市(镇)研究述评》,《河北广播电视大学学报》,2013 年第 12 期。

世纪的学者如加藤繁和施坚雅(G. William Skinner)均认为,交通的发达将导致基层集市的衰亡。[①] 施坚雅在 1985 年的一篇论文中甚至推测,运输条件改善所引发的现代化力量,一方面会使得城镇中的固定商铺成为农民主要的采购地点,另一方面也会使得许多集市在 20 世纪结束前消失。[②]

进入 21 世纪后,罗斯高(Scott Rozelle)等人的实证研究则指出,施坚雅的理论可用于解释清末民国时期的集市,乃毋庸质疑,不过 1949 年以后的情况较为复杂,除了交通运输外,尚需考虑政府的租税、土地和金融政策。[③] 王庆成有关近代华北集市的研究,也对施坚雅交通现代化使基层集市消亡的说法提出了质疑。他指出,定县在 1850 年时有集市十二处,至 1920 年代末(即当京汉铁路通过二十余年后),集市却剧增至八十三处。可能有若干小集市数量未被列入 19 世纪的数字,但 20 世纪集市数量较 19 世纪为多,殆无疑问。因此,交通和商业的发展并不一定会导致集市数的锐减。[④]

夽平清的研究发现,铁路的开通固然促进了定县农产的商品化,降低了农民的自给性,使之对商品和市场的依赖性增强,但是定县即使有

---

① 加藤繁,《清代に于けるの定期市》,《东洋学报》,第 23 卷第 2 期(1936 年 2 月),页 1—52;G. William Skinner, "Marketing and Social Structure in Rural China, Part I.", *Journal of Asian Studies* 24:1 (November 1964), pp. 3-43; "Part II", 24:1 (February 1965), pp. 185-228; "Part III", 24:3 (May 1965), pp. 369-99.

② G. William Skinner, "Rural Marketing in China : Repression and Revival," *The China Quarterly* 103 (1985), pp. 393-413.

③ Scott Rozell, Jikun Huang and Vincent Benziger, "Continuity and Change in China's Rural Periodic Markets," *The China Journal* 49 (January 2003), pp. 89-115.

④ 王庆成,《晚清华北的集市和集市圈》,《近代史研究》,2004 年第 4 期。

铁路过境,县内运输也仍以人力和畜力为主。最普遍的为骡马拉的大车,每日可行 80 里;另外一种较普遍的运输工具为手推独轮车,每日可行 70 里,直到 1925 年才开始有汽车从事客货运输。在此种运输条件下,农民商品的买卖不可能到较高级的中心地去交易,基层集市也就不可能消亡。①

最近十年,定州②的交通正高度发展,铁路、高速公路贯穿全境,公路有国道、省道、市级公路和乡、村级公路,几乎所有的村落均有水泥公路,机动车辆在农村十分普及,施坚雅所称市场体系内部的现代交通网络,基本上已具备。但是,定州乡村的基层集市未如施坚雅理论所预期的随着交通的发达而走向衰亡,仍有近百处集市按照传统的集期安排在运作,集镇等中间市场也未有较显著的发展,施坚雅所描述的农村市场的等级性并不明显。村集和镇集除了由于地理位置和交通条件不同,集市的规模大小不同外,集市所见货物的种类大同小异,贩卖商品的基本均为流动商贩,集期也都是每旬两集。镇的店铺数量大多尚未达到每日成市的程度,集镇店铺化、常市化和城镇化的步伐也都很缓慢。③

传统集市依然兴盛的另一个主要原因为农村剩余劳动力过多,在无法顺利向现代化产业部门或城市转移的情况下,利用传统的集市体系从事专职或兼职的商业活动成为他们的一种重要的收入来源。而且,便利的交通体系和交通工具使得这些商贩更容易到达更多、更远的

---

① 奂平清,《施坚雅乡村市场发展模型与华北乡村社会转型的困境——以河北定州为例》,《社会主义研究》,2008 年第 4 期。

② 1986 年撤县设市,称定州市。

③ 奂平清,《华北乡村集市变迁、社会转型与乡村建设——以定县(州)实地研究为例》,《社会建设》,2016 年第 5 期。

基层市集和庙会进行商业活动,乡村居民也可以就近在集市或庙会购得大部分的日用商品,如此又进一步地维持了传统集市的延续和发展。① 郑清波的研究则更进一步指出,从定县基层集市的演变可以看出,制度、政策等外部因素仍扮演重要的角色,例如政府对农村发展的重视程度,是否有好的制度和政策,以及更多资金和技术的投入。农村本身仍是解决农村问题的主要途径,城市化只是解决农村问题的一种途径,而非根本途径。②

八、超越现代化范式

近三十年来,欧美各国由于汽车的大量普及造成了严重的交通阻塞和空气污染,一些国家开始推行摆脱过度依赖汽车的交通政策。在过去制定运输政策时,所有的讨论均集中于如何节省时间和金钱,嗓门最大的永远是工程师和规划师。但是现在不同了,1998 年最早推出无人式自行车出租系统的荷兰,在制定运输政策时,即曾邀请历史学者参与,希望能汲取历史的经验,摆脱近代以来"物竞天择,适者生存"的"达尔文式"思考模式("Darwinist" thinking)。③ 交通史学者也开始关注一些新的议题,例如李玉一篇名为《从速度的角度观察近代中国——以轮船、火车为例》的论文,即指出近代中国相对于古代,"速度"不断提

---

① 奂平清,《华北乡村转型的困境与城市化道路——以河北定州为例》,《中共中央党校学报》,2008 年第 3 期。

② 郑清波,《从基层集市演变透视农村发展路径——以民国以来定县为例》,《中国经济史研究》,2018 年第 3 期。

③ Bert Toussaint, "Using the Usable Past: Reflections and Practices in the Netherlands," in Colin Divall, Julian Hine and Colin Pooley, eds., *Transport Policy: Learning Lessons from History* (Burlington, VT: Ashgate Publishing Company, 2016), pp. 15-30.

升,尤其是在交通运输方面,轮船和火车不仅带给社会"快"的体验和观念冲击,而且也扩大了"快"的经济和社会效应。① 相反的,也有学者开始研究乘客在搭乘交通工具之前的"等待史"("histories of waiting")。②

当代学界对现代化的反省也使得学者重新检视铁路和其他传统运输的关系,例如 Ralf Roth 和 Colin Divall 合编的《从铁路到公路再回到铁路? 百年运输竞争和依赖》(*From Rail to Road and Back again ? A Century of Transportation and Interdependency*)③一书即探讨过去一世纪欧洲铁路和公路的关系。铁路的快捷和廉价自然是过去所无法想象的,不过欧洲铁路的优势自 20 世纪前期起逐渐为公路所取代,直至 21 世纪才有再度复兴的现象。此书所收集的论文大多认为欧洲近百年铁路和公路之间的关系,并非只是简单的竞争关系,而是相互依赖的关系。

根据晚近的研究,西北欧和美国自 1700 年代起内陆运输曾有所改善,但是在中国、印度和日本等国家,只有到铁路出现后,内陆货运费用和时间才有显著的下降,原因在于这些国家 18 世纪后期和 19 世纪初期在道路和水运网方面改善的程度,无法与西北欧和美国相比。④

近代中国由于铁路建设相对落后,因此并未发生为公路所取代的

---

① 李玉,《从速度的角度观察近代中国——以轮船、火车为例》,《暨南学报(哲学社会科学版)》,2017 年第 11 期。

② Robin Kellermann, "Waiting for Railways, 1830-1914," in Christopher Singer, Robert Wirth and Olaf Berwald, eds., *Timescapes of Waiting* (Leiden: Brill, 2019), pp. 35-57.

③ Burlington, VT: Ashgate Publishing Company. 2015.

④ Dan Bogart, "Clio on Speed: A Survey of Economic History Research on Transport," in Claude Diebolf and Michael Heaper, eds., *Handbook of Cliometrics* (Berlin : Springler, 2016), pp. 4-5.

现象。铁路与其他运输工具之间的关系较为复杂，这也逐渐成为学者
关注的议题，例如张学见的研究发现山东在没有铁道之前，陆地交通孔
道有二：一由历城县经德县、河间而通天津、北京，其支路经益都、掖县、
蓬莱市达于芝罘；一由德县的大路沿大运河东南行，经聊城、泰安、滋阳
等县，达江苏铜山县，沿途均为康庄大道，是为古时南往北来的要道。
此种驿道轨迹随着 1904 年胶济铁路、1912 年津浦铁路的开通运行，以
及之后公路建设的起步而终结。原为南北交通孔道的小清河、大运河、
黄河，随着地理环境的变迁，逐渐失去以往的运输功能，同时加上津浦、
胶济铁路、各种公路的通车，在和这些现代运输工具竞争时更显得力不
从心。不过铁路本身所能影响的区域有限，仍需要内陆河运及诸多公
路的配合。同时由于民国时期政局动荡，战争频繁，加上各种苛捐，均
削弱了铁路的运输功能，使得传统运输方式在特殊时空下仍能与铁路
展开竞争。[①] 郭海城对于陇海铁路的研究也发现，关中自古即因其政
治区位的优势而拥有发达的交通网络，后因政治区位优势的丧失而导
致交通的衰退。不过关中在进入铁路时代后，局面又开始改变。传统
水运、近代公路运输均受冲击，但并未退出运输市场。在此过程中，原
有交通体系逐渐重构，最后建立起以铁路为中心、其他运输方式与之既
竞争又互补的新的交通体系。[②] 杨向坤和李玉的论文更进一步指出，
战前陇海铁路局和招商局以连云港为中心的联运机制，不仅为战前中
国运输网的形成作出重大贡献，也促进了中西部地区和东部沿海地区

---

① 张学见，《青岛港、胶济铁路与沿线经济变迁(1898—1937)》，未刊博士论
文，南开大学，2012 年，页 56—69。

② 郭海成，《陇海铁路与近代关中交通体系的重构》，《兰州学刊》，2013 年第
3 期。

的贸易往来，进而使连云港迅速成为重要的准港口城市。①

九、铁路对环境与疾病的影响

铁路的出现对环境和疾病的影响，也是铁路史研究超越现代化范式后所关注的重要议题。铁路对环境的破坏，最明显的例子即为东北森林资源的大幅减少。根据范立君和曲立超的研究，中东铁路的修筑给松花江流域的森林资源带来了极大的影响。森林的开采促进了采木业和林产业的发展，为北满木材市场的形成奠定了基础，东北的林业工业也随之兴起。不过，沙俄在经营铁路的同时，对森林进行了大规模的掠夺和破坏，导致森林资源的大幅削减，水土流失，水灾不断，以森林为主要活动范围的野生动物逐渐减少，如东北虎、梅花鹿，面临灭绝的危机，野猪、黑熊、豹子的数量也大为减少。②

刘振华的博士论文《被边缘化的腹地：近代南阳盆地社会变迁研究（1906—1937）》，也关注到铁路出现后南阳盆地环境的变化。南阳原为河南省一大城市，南通襄阳，北达汝洛，西连关陕，东带江淮，形势重要。近代以来，随着南阳盆地水陆交通的衰落，特别是清末京汉铁路的修筑，南阳盆地由此远离交通干道中心，加上荆襄驿道地位下降，因此丧失了水陆交通枢纽的优势。唐、白河过去在南北交通上曾有一些水陆联运的作用，京汉铁路通车后，船只骤然减少，同样也加速了唐、白河的淤塞。城内过去借水陆交通便利的市镇经济迅速衰退，致使南阳盆地长

---

① 杨向坤、李玉，《联以兴港：水路联运与连云港经济变迁》，《安徽师范大学学报（人文社会科学版）》，2018 年第 5 期。

② 范立君、曲立超，《中东铁路与近代松花江流域森林资源开发》，《吉林师范大学学报（人文社会科学版）》，2009 年第 3 期。

期陷于停滞不前的状态。[①]

岳钦韬则以 1920 年代初沪杭甬铁路所引起的一次群众事件为例，探讨近代铁路建设对太湖流域水文环境的影响。1921 年江浙地区发生严重水灾，地方官绅将矛头指向沪杭甬铁路，认为铁路阻碍水流，要求路方拆堤筑桥，恢复原有河道，同时增加沿线涵洞。双方为此在交通部、浙江省长公署等部门间展开了两年多的交涉，最后交通部同意筑桥，事情才圆满落幕。岳钦韬发现铁路的修筑并非导致太湖流域水患的关键性因素，但铁路作为开凿江南运河后最大规模的人造工程，仍然改变了明清以来形成的流域水文环境。[②]

至于铁路和疾病的关系，John P. Tang 的研究发现，长期来看，铁路的发达使得民众接近医疗公卫设施，所得增加，因此有益于健康，但是短期的影响却不清楚，因为市场整合后潜在患病的机会增加。他发现日本近代铁路的发达使得经过区域的粗死亡率（gross mortality rates）增加了 6%，主要原因在于铁路有利于疾病的传染。[③] 在中国史方面，余新忠和杜丽红讨论 1910—1911 年东三省爆发大规模鼠疫，铁路在其中所扮演的重要角色。自此，铁路的防疫工作逐渐受到重视。[④] 夏茂粹也利用中国第二历史档案馆的防疫档案，对 1918 年流行的肺鼠

---

① 刘振华，《被边缘化的腹地：近代南阳盆地社会变迁研究（1906—1937）》，未刊博士论文，南京大学，2011 年。

② 岳钦韬，《近代铁路建设对太湖流域水利的影响——以 1920 年代初沪杭甬铁路屠家村港"拆堤筑桥"事件为中心》，《中国历史地理论丛》，2013 年第 1 期。

③ John P. Tang, "The Engine and the Reaper: Industrialization and Mortality in Late Nineteenth Century Japan," *Journal of Health Economics* 56 (December 2017), pp. 145-162.

④ 余新忠等著，《瘟疫下的社会拯救：中国近世重大疫情与社会反应》（北京：中国书店，2004 年）；杜丽红，《清末东北鼠疫防控与交通遮断》，《历史研究》，2014 年第 2 期。

疫中的铁路防疫工作进行了探讨。① 黄华平则研究近代中国铁路卫生制度和铁路卫生体系,发表过多篇论文。②

十、铁路与日常生活

铁路的出现对于日常生活产生极大的影响。晚近学者尝试从各方面加以研究。如丁贤勇《新式交通与生活中的时间:以近代江南为例》一文指出,轮胎、火车等新式交通工具的出现,使人们开始确立"科学的"时间观念,开始从看天空转变为看钟表来确定时间,标准时间开始出现并逐步取代地方性时间。新式交通改变了人们生活中的时间节奏和对时间的感知,也使人们有了"时间就是金钱"等近代观念。③

美国学者柯莉莎则认为,铁路确实改变了社会菁英的时间观念,但是对一般农民是否也是如此,仍有待研究。柯莉莎早年研究大生纱厂,发现一般农民由于无表可用,通常提前甚久抵达工厂。④ 因此她认为,一般农民在搭火车时通常也会在车站耗费多时候车,由国府成立后,仍需在小学教科书中再三强调搭火车时应如何守时、排队,即可看出。⑤

在饮食文化方面,根据晚近学者张宁、马义平、毛勇等人的研究,19

---

① 夏茂粹,《民国防疫档案与铁路客运防疫》,《北京档案》,2004 年第 4 期。

② 黄华平,《1900—1937 年中国铁路卫生建制化述论》,《江西社会科学》,2011 年第 11 期;黄华平,《国民政府铁道部时期的铁路卫生体系述略》,《南方论丛》,2012 年第 1 期;黄华平,《南京国民政府时期铁路卫生保健事业探析》,《江西社会科学》,2013 年第 8 期。

③ 丁贤勇,《新式交通与生活中的时间:以近代江南为例》,《史林》,2005 年第 4 期。

④ Elisabeth Koll, *From Cotton Mill to Business Empire: the Emergence of Regional Enterprises in Modern China* (Cambridge, Mass.: Harvard University Press, 2003), chap. 4.

⑤ Koll, *Railroads and the Transformation of China*, pp. 144-147.

世纪末 20 世纪初,在中国的德商引入食物脱水技术,利用长江流域既有的蛋业组织收购鸡蛋制作蛋粉,此项技术迅速被华商吸收,并沿京汉、津浦、陇海等铁路扩散至沿线地区。例如,京汉与道清铁路交会处的新乡,由于交通便利,极早便有洋行来此处收蛋,对制蛋技术也掌握得较早,当地绅商不但借此在河南各地开设蛋厂,还扩及邻近的冀、鲁、晋等省。甚至有数据显示,全国各地凡新设蛋厂,每多至新乡雇用技工。①

张宁的研究还发现近代中国蛋品工业对中英两国饮食内容的改变与统一。英国的餐饮业受惠于蛋品的物美价廉,得以建立起大量的连锁小吃店,提供廉价的简式午餐,外食人口因此增加;糕饼业由于不再受限于鲜蛋生产的季节性,可以全年烘制松软的蛋糕,下午茶的内容因之改观,甚至大量生产蛋糕、饼干的公司也开始在英国出现。清末外商蛋厂未配合欧美国家只食鸡蛋、不食鸭蛋的饮食习惯,采购、加工出口华蛋,在此生产链影响下,中国人日常的饮食习惯也逐渐像欧美一样,以鸡蛋为主,鸭蛋退居微不足道的地位。②

美国学者 Robert M. Schwartz 研究 1840—1914 年的英国渔业,发现英国铁路发展后,鲜鱼成为一般大众的日常消费内容;另一方面由于低价美国小麦的大量进口,许多农民被迫将种植小麦的耕地改种畜牧业所需要的牧草,转为生产乳品。作者也指出,铁路(加上轮船)的发展使得海洋渔业和渔产加工业的生态基础受到侵蚀,渔民开始关心过

---

① 张宁,《技术、组织创新与国际饮食变化:清末民初中国蛋业之发展》,《新史学》,第 14 卷第 1 期(2003 年 3 月),页 12—13;马义平,《铁路与 1912—1937 年间的豫北工矿业发展》,《史学月刊》,2010 年第 4 期;毛勇,《铁路与新乡城市的兴起(1905—1937)》,未刊硕士论文,郑州大学,2010 年。

② 张宁,前引文,页 40—41。

度捕捞的问题。① 此项研究与张宁的研究,颇可相互补充。不过也有学者研究民国时期江浙渔业,发现浙江临海的渔业在当地虽然是最重要的经济活动,但是由于没有铁路和其他县市相连,公路的质量也不佳(路基为泥土),因此渔业市场仍是一个传统的市场体系。②

十一、人事数据的运用

近代中国的铁路事业规模庞大,从业人员众多,大量的人事资料近年来为学者所关注,开发出一些新的研究议题,以下试举两个例子加以介绍。

澳洲学者司马辉曾利用铁路员工的体检资料,从事身高史(history of height)的研究。

晚近学界对于近代中国经济的看法,已大多放弃传统的悲观论调,而认为 19 世纪末至 20 世纪初的中国经济有持续稳定的成长,不过对于经济成长的果实是否能够平均分配至各地区和各阶层,则仍有争议。传统的研究大多利用一些零散的工资、粮食、棉布的消费等数据进行分析,司马辉曾利用上万名国营企业及政府机关(主要为国有铁路)员工于 1933—1949 年间的体检资料进行研究,结果发现 1890 年代至 1920 年代之间中国某些区域民众的身高(即生活水平)确有成长。③

---

① Robert M. Schwartz, "The Transport Revolution on Land and Sea: Farming, Fishing, and Railways in Great Britain, 1840-1914," *Journal of History of Science and Technology* 12(2018), pp. 106-131.

② 杨金客,《民国时期江浙渔业研究(1912—1937)》,未刊硕士论文,安徽大学,2018 年,页 67。

③ Stephen L. Morgan, "Economic Growth and the Biological Standard of Living in China, 1880-1930," *Economics and Human Biology* 2(2004). pp. 197-218.

经济学者余契特曼(Noam Yuchtman)等人,则曾利用一份津浦铁路职员录所收录的八百余名员工 1929 年的人事数据(包括年龄、籍贯、学历、经历、到差服务时间、叙薪等级)探讨新式教育和旧式教育对于薪资的影响。作者根据《铁道年鉴》(1932)的数据将叙薪等级转换为具体薪资金额,结果发现教育(不论新式教育或旧式教育)的薪资溢价(salary premiums)确实存在,每年教育的回报约为 9%。[1] 而受过大学教育的职员,薪资约比仅受过传统教育的职员高出 40%,尤其是工程类大学毕业生的薪资,平均要比拥有科举功名的职员高 100%,而其他法、商科毕业的职员薪资,则比传统教育背景的职员高 40%左右。此外,仅有传统教育背景的职员大多不在管理及技术部门任职,而只能担任文书部门的基层工作。因此除了受教育的年限长短之外,教育的内容在经济发展过程中也扮演着重要角色。[2]

十二、结论

近三十年的中国铁路史研究,摆脱了革命史的范式而进入了现代化的范式,最近又有学者试图超越现代化范式,开始关注铁路所带来的负面影响。实则帝国主义对中国铁路的影响也不容忽视,仍有许多问题值得探究。近三十年来的铁路史研究虽然相对于过去有突飞猛进的发展,但也和其他许多专门史一样,均面临严重的低水平重复和日益碎片化的危机。笔者认为,解决之道除了发掘未经人利用的中外文档案

[1] Yuyu Chen, Suresh Naidu, Tinghua Yu, Noam Yuchtman, "Intergenerational Mobility and Institutional Change in 20th Century China," *Explorations in Economic History* 58(2015), pp. 44-73.

[2] Noam Yuchtman, "Teaching to the Tests: An Economic Analysis of Traditional and Modern Education in Late Imperial and Republican China," *Explorations in Economic History* 63(2017), pp. 70-90.

材料外,还在于穿越原有的铁路史边界,和其他专门史甚至其他学科的相关议题进行对话。本文所提及的各种研究成果,作者的出身即涵盖了历史学外的政治学、经济学、地理学、社会学、艺术和文学等各种学科。本文乃就个人阅读兴趣所及,列举一些值得关注的研究成果,并提出一些值得做进一步研究的课题,抛砖引玉,希望能够激发大家的讨论与研究。

第一章　绪　论

第一节　关于铁路经济价值的争论

1830年,英人史蒂芬孙(George Stephenson)所制的机车火箭号(Rocket)初驶于曼彻斯特(Manchester)至利物浦(Liverpool)之间,随后另有一些机车行驶于煤矿矿区的铁路。美国也随即开始有一些机车行驶于南卡罗来纳(South Carolina)、巴尔的摩(Baltimore)和俄亥俄(Ohio)之间,铁路时代于是正式开始。

这项被韦伯(Max Weber)视为"历史上最具革命性的工具"的发明[1],在西方经济发展的过程中扮演了怎样的角色? 我们可以经济史学家罗斯托(W. W. Rostow)的言论作为代表说明。他在1960年所出版的名著《经济发展的阶段》(*The Stages of Economic Growth*)中曾

---

[1] Max Weber, *General Economic History*, translated by F. H. Knight (N. Y. : Free Press, 1950), p. 297.

详尽地说明了铁路对经济发展的重要性:

> 就历史的观点而言,铁路的引入是促成起飞(take-offs)最有
> 力的关键性因素(the most powerful single initiator),它在美国、
> 法国、德国、加拿大和俄国的经济发展中占有决定性的地位,在瑞
> 典、日本及其他国家也占有极重要的地位①。

罗氏认为在起飞时期,铁路对经济成长的冲击主要可分为三种:第
一,铁路降低了国内的运输费用,将新地区及新产品带入商业市场,并
且就大体而论,完成了加深市场的功能;第二,在许多国家,铁路是一个
快速扩张的新兴重要出口部门(export sector)发展的先决条件,而后
者的发展可积聚资本供国内的发展之用,例如1914年以前美国的铁路
即担任了这项任务;第三,或许也是最重要的影响是,铁路的发展导致
了现代煤、铁和机械工业的发展,在许多国家,现代基本工业部门的成
长均可直接追溯至铁路系统的建筑(尤其是维护)所引起的需求②。

罗氏的著作出版后曾引起很大的争论③,但是由他在1975年所出
版的《现代经济的起源》(*How It All Begin:Origins of the Modern
Economy*)和1978年出版的《世界经济的历史与展望》(*The World E-
conomy:History and Prospect*)二书中的言论可以看出他对铁路的经

---

① W. W. Rostow, *The Stages of Economic Growth* (Cambridge: Cambridge
Univ. Press,1960),p,55.

② Ibid. ,p. 55.

③ W. W. Rostow, ed. *The Economics of Take-off into Sustained Growth*
(London: Macmillan & Co. ,Ltd. ,1964). 学界有关罗氏经济成长阶段论的辩论,
可参阅:Rostow, "Development: The Political Economy of the Marshallian Long
Period,"in Gerald M. Meier & Dudley Seers,eds. ,*Pioneers in Development*,1985,
pp. 229-240.

济价值仍然坚信不移①。

1830 年代末期,铁路、火车的名词传入中国②,毫无疑问,在引入中国的现代经济设施中,没有一项比铁路引起更大的影响。论者多以为中国早期官绅对于铁路的认识大多偏重于国防的功能,但是他们对于铁路(一如轮船③)经济效益的认识也不容忽略,如郑观应至迟在光绪初年即已充分认识到运输费用的降低将使农产商业化的程度加深,而这种地理上分工的结果将可提高农民的收入,并且改变中国农业社会的经济形态。他在《易言》一书中说:

> 中土沃壤倍于欧洲,只为山险路遥,转运不便,而农民不知制器,因地之利以谋赢余,仅树艺五谷,供日用所需而已。使载物之器良便,而运物之价又廉,一切种植立可以此之有余济彼之不足,而获利恒得倍蓰,数年之后,民间蓄积自饶,当不仅如古人所云余三余一已也④。

张之洞在他请建卢汉路的重要奏折中,则视铁路为开发内地农村的利器,铁路完成后可输入生产资料(producer goods),强化本土工业,又可促进土货出口,弥补对外贸易的逆差:

> 中国民生之丰歉、商务之息耗,专视乎土货出产之多少,与夫土货出口较洋货进口之多少以为断。近数年来,洋货、洋药进口价

---

① W. W. Rostow, *How It All Begin*: *Origins of the Modern Economy* (N. Y.: McGraw-Hill, 1975), p. 221; Idem, *The World Economy*: *History and Prospect* (Austin and London: University of Texas Press, 1978), p. 154.

② 李国祁,《中国早期的铁路经营》(台北:中研院近代史研究所,1961 年),页5—6。

③ 吕实强,《中国早期的轮船经营》(台北:中研院近代史研究所,1962 年)。

④ 杞忧生,《易言》(香港:中华印务总局,光绪六年),上卷,页 15 下。

值每岁多于土货出口价值者,约千万两,若再听其耗漏,以后断不可支。现在洋货、洋药之来源无可杜遏,惟有设法多出土货、多销土货以救之。此乃王道养民立国之本源,并非西乔争利会计之小数。中国物产之盛,甲于五洲,然腹地奥区,工艰运贵,其生不蕃,其用不广。且土货率皆质粗价廉,非多不利,非速不多,非用机器、化学,不能变粗贱为精良,化无用为有用。苟有铁路,则机械可入,笨货可出,本轻费省,土货旺销,则可大减出口厚税以鼓舞之,于是山乡边郡之产,悉可致诸江岸海埭,而流行于九洲四瀛之外。销路畅则利商,制造繁则利工,山农泽农之种植,牧竖女红之所成,皆可行远,得价则利农。内开未尽之地宝,外收已亏之利权,是铁路之利,首在利民①。

主张兴建铁路的官绅又多能了解到铁路在西方为历经不断研究和发展所得的成果,而中国却能立即采用最为进步的型式,至为方便。如马建忠在光绪二年(1879)的《铁道论》一文中即已有此认识:

> 溯火车之初创,百病丛生,不知几经改作已臻今日之美备。人为其劳,我承其易,此时会之可行也②。

何启、胡礼垣也有类似的看法:

> 铁路创于泰西,各国仿行,其精日进,中国取他人功利大著之事而效之,是为最便③。

由上两段文字即可显示出他们已充分体会到中国能拥有如经济史

---

① 张之洞,《张文襄公全集》,奏议,卷25,页11,《请缓造津通铁路改建腹省干路折》。

② 马建忠,《适可斋记言记行》,卷1,页5下。

③ 何启、胡礼垣,《新政真诠》,第5编,页35,《铁路篇辩》。

学家格申克龙(Alexander Gerschenkron)所指出的"落后的优点"("advantages of backwardness"),一如俄国作家霍米亚科(A. S. Khomyakov)早在1845年所写的:"对于铁路,一如在其他许多事物方面,我们尤为幸运,我们毋需竭尽心思,花费力气于作实验,即可坐享他人努力的成果。"①

此外,铁路有利于移民、开矿、救荒等看法,也曾再三地出现于主张兴筑铁路人士的言论中。②

至于反对在当时兴建铁路的人士,也并非全为顽固守旧,其中仍有系经过深思熟虑者。他们反对的理由除了疑惧洋人深入内地外,尚有不少是基于经济的考虑,其中以通政使司参议刘锡鸿所持的理由最为详尽。他在光绪七年正月罢议铁路的奏折中列举了中西国情的种种不同,认为"火车实西洋利器,而断非中国所能仿行也"。刘氏指出铁路对中国经济并无益处,其理由值得重视者有二:

第一,欧洲大陆各国大多领土相连,铁路盛行则可运货至他国,所得为他国之利,但是中国境内如建铁路,仅能有助于各省之间的贸易,就全国总数而论,并无增加。

第二,理论上,铁路可协助各地货物集于口岸输出,也可得他国之利,但是中国所产作物均不适于西洋,出口大宗乃为丝与茶。由于华商过度依赖出口,如生产超过需求,则将致使价格下跌,对中国经济并无益处。

不但如此,铁路对中国经济尚有三种害处:

---

① Alexander Gerschenkron, *Economic Backwardness in Historical Perspectives*: *A Book of Essays* (Cambridge, Mass. : Harvard Univ. Press, 1962), pp. 169-170.

② 这些言论散见于:宓汝成编,《中国近代铁路史资料》(北京:中华书局,1963年),页86—120。

第一，修建铁路必须聘请洋匠，火车及其零件、铁轨、油脂等均需购自外国，增加漏厄。

第二，铁路成本已极为高昂，营运所需的员工薪俸、燃料及保养等费用又极浩繁，以火车载运的货物如加上这些费用，必使售价增加，道致民生艰苦。

第三，铁路完成后，货物流通便利，人心必增奢侈①。

除刘锡鸿外，反对者之中更值得重视的是通政黄体芳的言论。他认为中国土货品质优劣不一，修建铁路后如土货滞销，反而将使洋货盛行于农村，因此他主张应先从事成本与效益的分析(cost-benefit analysis)，再判断兴筑铁路的适宜性。黄氏认为"宜查外省税厘案册，通算各处岁出岁销土货总数，约计可与洋货相抵若干，再通算每年铁路所入运资及税厘若干，然后将他处税厘短收之数就所入数内扣抵，次将养路之费及成本按年扣出，再有赢余，方为铁路所收实利。今分数未明而逆臆其必得大利，未敢谓然"②。

张之洞则认为黄体芳仅沾沾于土货的税厘所得，而忽略了各种产业将受到铁路的刺激而出产加多。张氏虽然将铁路视为富民的重要方法，但是他同时也认识到铁路尚需其他条件的配合，方能发挥其功能：

> 铁路意在销土货，尤在多出土货，使中国能精究格致之学，开煤铁、广种植、勤开采、善制造，铁路之利自不可诬。若徒开一路，

---

① 刘锡鸿，《缕陈中西情形种种不同火车铁路势不可行疏》，收于：葛士濬编《皇朝经世文续编》，卷103，页8上—13上。此一时期，强调铁路财政之害的言论，尚可参阅：王树槐《国人对兴建铁路的争议(1859—1889)》，《中研院近代史研究所集刊》，第15期(1986年6月)，页310。

② 黄氏原折未见，转引自《寄调鄂督张香帅》，《李文忠公全书》，电稿，卷11，页50上。

其余开采、制造概不讲求举办,则铁路诚无用矣①。

甲午战后,中国朝野上下均奋起图强,于是二十年来对于铁路问题的争议终渐化为浮云②。相对地,铁路的经济利益则为官绅所共知。朝野上下对于铁路均充满了信心,相信只要铁路一开通,立即就能为中国带来富强。这种乐观的态度充分表现于当时人的议论之中,如何启、胡礼垣即有以下的看法:

> 何以言开铁路以振百为也? 事有一着既行,则着着皆因之而兴;一着不行,则着着皆因之而废者,今以铁路是也③。

刘坤一则视修筑铁路为中国在十年内富强的唯一机会:

> 究之富强之本,求其收效速,取利宏,一举而数善备,则莫急于铁路……铁路一成,天下商务必日新月异,不十年而立致富强,中国转圜之机,孰有外于是者④!

张之洞更详尽地讨论铁路于各方面的连锁影响(linkage effects),而这些影响似乎即为张氏对铁路所具信心的来源:

> 有一事可以开士农工商兵五学之门者乎? 曰:有,铁路是也……士有铁路则游历易往,师友易来;农有铁路则土苴粪壤皆无弃物;商有铁路则急需者应期,重滞者无阻;工有铁路则机器无不到,矿产无不出,煤炭无不敷;兵有铁路,则养三十万精兵,可以纵横战

---

① 张之洞,《张文襄公全集》,卷 133,页 24 上—25 下。
② 陈炽,《急修铁路说》,《续富国策》,卷 4,页 11:"自去岁中倭一役,成败利钝,皎然可睹,廿载迂拘之议论,渐化浮云。"
③ 何启、胡礼垣,《新政论议》,《新政真诠》,第二编,页 16。
④ 刘坤一,《请设铁路公司借款开办折》,《刘坤一遗集》,页 882—886。

守于四海……若铁路不成,五学之开未有日也①。

有趣的是,甲午战后这种将铁路视为"万应灵丹"的乐观态度至1930年代几乎已不复可见。此时讨论中国经济问题最盛行的说法为马若孟(Ramon H. Myers)所称的分配理论(distribution theory)②。持此种看法的学者大多倾向于将中国经济视为一层级的(hierarchical)体系,农民大部分的收入为地主、商人和放高利贷者等人以地租、赋税、高利贷等方式所剥削,而地主、小商人又为通商口岸的商人所剥削,最后财富经由通商口岸的外国商人流入帝国主义者之手,而中国农村的土地则日益集中,传统的手工业也由于洋货的大量倾销而衰落,农民生活水准降低,最后导致农村的破产。在这套理论中,铁路乃成为协助帝国主义者输出土货、倾销洋货的工具,有助于农村的破产。光绪年间,张之洞尚认为兴建铁路后可输入机器,强化本土工业,以抵制洋货,减少对外贸易的逆差,至1930年代,大部分的学者对此已无信心。如专门研究铁路问题的陈晖在《铁路建设对于中国农村经济的影响》一文中即认为小农并无法自铁路获得利益:

> 在铁路交通发达的地方,农村之适应国际市场的需要者,当能获得相当繁荣,但此种繁荣是小农、贫农所享受不到的,而只是地主、富农的买办资本化,用商业资本与高利贷的手段,为帝国主义

---

① 《张文襄公全集》,卷203,页43—44。

② Ramon H. Myers, *The Chinese Peasant Economy: Agricultural Development in Hopei and Shantung*, 1890-1949 (Cambridge, Mass.: Harvard Univ. Press, 1970), pp. 14-15. 易劳逸(Lloyd Eastman)则直接称之为"剥削学派"(Exploitation School)。参阅:Eastman, "The Problem of Peasant Immiseration in the Early Twentieth Century," *Proceeding of the Conference on the Early History of the Republic of China*, 1912-1927 (Taipei: The Institute of Modern History, Academia Sinica, 1983), p. 675.

者吸取高额利润,而享受其唾余,这是中国农村卷入国际市场的路径,也就是中国买办集团之所以拥护他的原因①。

钱亦石流传极广的著作《近代中国经济史》对铁路的作用则有更坏的看法:

自从帝国主义势力侵入中国,外国商品随着交通机关底发达而输入中国农村以来,中国底农村经济便渐渐走向崩溃的道路②。

徐正学也将铁路视为列强吮吸中国人血液的工具:

我们常听有人说,国家的铁路,好似和身体里的血管一样,那末,可见中国的铁路,反是国际帝国主义吮吸中国人血液的工具了③!

何以由 1870 年代末期至 1930 年代这五六十年之间,铁路在中国官绅心目中的影像会有如此大的转变?铁路究竟在中国的经济发展中扮演了怎样的角色?它是使国家立致富强的工具或是加速农村崩溃的凶器?此外,对铁路功能是否能充分发挥有重大影响的铁路营运状况如何?这些均为本书所要试图解答的问题。

第二节　研究方法

研究中国经济史的学者大多了解到研究铁路(或是其他基本建设)

---

① 陈晖,《铁路建设对于中国农村经济的影响》,《中国农村》,第 2 卷第 7 期(民国二十五年七月),页 42。

② 钱亦石,《近代中国经济史》(上海:生活书店,民国二十八年),页 169—170。有趣的是,1949 年以后中国大陆的史学界对于铁路所产生影响的问题竟未赋予注意。参阅:陈振江,《三十年来中国近代历史学发展的情况》,《新华月报》(文摘版),第 13 期(1980 年 1 月),页 66。

③ 徐正学,《农村问题——中国农村崩溃原因的研究》(南京:作者,民国二十五年),页 70。

对经济发展的贡献是件困难的工作。一方面是由于资料的缺乏,另一方面,现代交通设施并非是影响经济发展的唯一因素,我们难以确定经济的发展即是交通改善的结果①。因此,本节将检讨新经济史学家研究西方类似问题所采方法,以作为参考。其中最重要的著作即为美国学者福格尔(Robert Fogel)于 1964 年所出版的《铁路与美国的经济成长》(*Railroads and American Economic Growth*)②一书。福氏为探讨铁路对十九世纪美国经济成长的重要性,先假设 1890 年的美国没有铁路,计算出该年本应由铁路输送的货物改以次佳取代方式(next best alternative)运输的成本,再加入因改用运输方式使货物所受损坏及存货增加的费用后,他的结论是,1890 年铁路为社会所节省之值(social sayings)约为该年GNP 的 5%。③ 此书出版后,立即在学界引起了许多的讨论④。福氏所用的研究方法也成为研究铁路经济价值问题的典范⑤。因此,笔者的讨

---

① Chi-ming Ho, *Foreign Investment and Economic Development in China*, 1840-1937 (Cambridge, Mass.: Harvard University Press, 1965), p. 39; Shu-hwai Wang, "China's Modernization in Communication, 1860-1916: A Regional Comparison," in *Conference on Modern Chinese Economic History* (Taipei: The Institute of Economics, Academia Sinica, 1978), p. 464.

② Robert William Fogel, *Railroads and American Economic Growth* (Baltimore, Md.: John Hopkins University Press, 1964).

③ 此处数字乃后来修正过的数字,参阅 Fogel, "The New Economic History: Its Findings and Methods," in Robert William Fogel and Stanley L. Engerman, eds., *The Reinterpretation of American Economic History*(N. Y.: Harper & Row, 1971), pp. 6-7.

④ 学者针对此书撰写的书评极多,在此不一一列举,关于这些批评的摘要,请参阅:Gerald Gunderson, *A New Economic History of America* (N. Y.: McGraw-Hill, 1976), pp. 324-329; Douglas C. North, "The New Economic History After Twenty Years," *American Behavioral Scientist*, 21:2 (November/December 1977), pp. 189-190.

⑤ 相关的书目可参阅:Patrick O'Brien, *The New Economic History of the Railways* (N. Y.: St. Martin's Pr., 1977); Robert W. Fogel, "Notes on the Social Saving Controversy," *The Journal of Economic History*, 39:1 (March 1979), pp. 1-2.

论也仅限于此书。

福格尔在他的研究一开始,即提出了一项前提——如果某人要辩称铁路对美国的经济成长确为"不可缺少的"("indispensable"),或是"重要的",则在没有铁路的情况下,在那一时期中任何一年的经济生产均将变得较少。许多学者(尤其是历史学者)将这种虚拟的命题(antifactual propsition)视为荒谬,他们认为事实上铁路毕竟存在,因此作这种"如果没有铁路,则……"的推测,是一种"假设的历史"(hypothetical history),和过去已发生的史事并无关系。新经济史学家对此则竭力辩解,他们承认在有限的范围内,这些批评是对的——这种情况并未发生,因此不是组成历史原料(raw material)的已知事实。但是,他们同时也指出,大多数的责难者均忽略了并没有史家是完全以那种态度研究历史的。历史解释(explanation)的要素是解析,而解析(interpretation)则需要史家判断过去发生的史事之间所存在的关系,史料本身并不会为他自己说话,即使是批评福氏作品的学者在提出相反的解释时,或是自己在作研究的过程中,也并未完全坚守他们所提出的原则[1]。因此,新经济史学家诺斯(Douglas C. North)于1977年所发表《二十年来的新经济史》一文中仍坚称:"只要我们想要增加我们对于过去的了解,也就是说,如果我们希望得到一个更科学的历史,则虚拟命题是检验各种解释的唯一方法。"[2]

福格尔的著作所遭到的第二项批评是,即使对铁路在美国经济发展上的重要性给予一个暂时的范围,但是十九世纪的铁路仍有太多的"间接"影响("repercussion" effects),以致于无法以一个(甚至数个)模

---

[1] Guncierson, *cit.*, p. 324;O'Brien, *op. cit.*, p. 23.

[2] North, *cit.*, p. 190.

式(model)加以笼罩。新经济史学家对于这项批评则承认是"正中要害"①。甚至福氏本人在一篇文章中也认为铁路对于经济所产生的一些最重要的影响,似乎无法以整齐的模式表示出,而最好仍以较为传统的史学方法处理②。

综上所述,我们可以认识到虚拟命题在史学研究上确实有其重要性,但是我们同时也应明了这种方法的局限,其检验假说的能力乃是与"间接"影响的程度成反比。由于研究中国铁路的经济效益问题,相关的资料极为欠缺,因此无法(同时也无需)使用福格尔所使用的量化技术③,但虚拟命题的研究法仍有助于我们作比较之用。因此,本文所采用的方法仍为传统历史学的方法,希望能尽量经由多方的比较——铁路通车前后经济情况的比较,铁路所经地区与其他地区经济情况的比较,以勾画出铁路在经济发展中所扮演的角色。由于铁路和其他历史事件相同,其影响均极广泛、深远,因此本文所主要讨论者为铁路内部营运的问题以及其在经济发展中的角色,至于一些对经济发展并无明显直接影响的问题,如铁路借款对国家财政的影响、铁路对租佃制度的影响、铁路对市镇体系内部结构的影响等,则不在探讨范围之内。

本文并非以全国的铁路作为研究的对象,而仅探讨平汉铁路,乃是由于进行较小规模的个案研究,可较为详细的探讨铁路对所经地区各方面的影响。而平汉铁路为中国第一条纵贯南北的大干线,资料较其他铁路为多。至于研究的断限,则为 1905—1937 年。1905 年为平汉

---

① Ibid. p. 190.

② Robert W. Fogel,"Notes on the Social Saving Controversy," p. 48.

③ Ralph William Huenemann,*The Dragon and the Iron Horse: The Economics of Railroads in China* ,1876-1937 (Cambridge,Mass.:Harvard University Press,1984),p. 31.

铁路全线竣工的年代,下限采 1937 年则是由于中日战争爆发后,华北经济情况发生剧烈的变动——由于市场体系分裂,农家无法出售其所种植的经济作物、购入所需粮食,于是农户多将原种植经济作物如棉花、烟草等的土地改种甘薯、玉米等粮食作物以维生。由于种植粮食作物所需劳动力较少,因此离村的劳动力更多①。

---

① 马黎元,《战时华北农作物生产及敌伪对食粮之掠夺》,《社会科学杂志》,第 10 卷,第 1 期(民国三十七年六月),页 69－70。

第二章　平汉路营运状况分析

光绪十五年正月(1889年2月)粤督张之洞奏请改修卢汉路获准,翌年2月直督李鸿章因东北防务紧急,奏准先办关东,将卢汉路款移之,此路遂搁。甲午战败后,朝野均感筑路之为要,直督王文韶、鄂督张之洞复奏请再办卢汉。光绪二十二年九月,王、张采盛宣怀官款、商股、洋债并用办法,奏准设立总公司,然商股一文不名,官款毫无把握,最后不得不借比款。本路最早兴工者为二十四年竣工之卢保段,全线通车于三十二年四月,宣统元年自比利时收回自营①。

---

① 关于平汉铁路之兴筑经过,可参阅:李国祁,《中国早期的铁路经营》(台北:中研院近代史研究所,1962年),第四章;Richard H. Yang,"Chang Chih-Tung and Lu-Han Railway Construction: A Case Study of an Elite Reformer in the Late China's Modernization Drive,"*China Forum* (Taipei),4:2(July 1977),pp. 199-254. 何汉威,《京汉铁路初期史略》(香港:香港中文大学出版社,1979年),第3章。关于邮传部之赎回平汉路,可参阅:Lee En-han,*China's Quest for Railway Autonomy*,*1904-1911*:A Study of the Chinese Railway-Rights Recovery Movement (*Singapore*:*Singapore University Press*,1977),*pp*.211-223. 何汉威,前引书,第5章。

本章目的在于探讨此路营运收支状况,与其他运输工具竞争之情形,并对影响营运之因素加以分析。

第一节 营运收支概况

本节爰对平汉路历年营业收支记录(表一)略作分析:

晚清光宣之季,平汉路在工程时期,仅具雏形,营业收入为数有限,支出款项偏重工程,自民国一至十二各年间,客货运输逐渐进步,营业进款尤以民国十二年为最巨,数达 3,200 万元,其余各年虽间有低落,相差甚微。民国十三年以后,迭受军事摧残及天灾变故,收入逐渐低微。民国十六年竟降至 1,100 余万元,为民国以来进款之最少数,与十二年相较,仅达三分之一,足证受创之巨。其后历年渐有增加。民国二十年全路统一后收入更是节节上升。

表一:平汉路历年营业收支

单位:银元

年别		营业收入	营业支出	盈余
光 绪	三十二年	7,283,074	2,233,957	5,049,117
	三十三年	8,177,560	2,740,885	5,436,675
	三十四年	9,693,358	3,330,181	6,363,177
宣 统	一年	11,026,412	3,459,041	7,587,371
	二年	12,134,476	3,609,999	8,524,477
	三年	11,311,536	3,642,043	7,669,493
民 国	一年	13,630,036	4,233,701	9,396,335
	二年	16,366,675	5,119,804	11,246,871
	三年	15,012,203	5,800,621	9,211,582
	四年	17,141,095	7,120,173	10,020,922
	五年	20,466,622	7,027,542	13,439,080

（续）

年别	营业收入	营业支出	盈余
六年	18,750,636	7,009,226	11,741,410
七年	23,822,621	7,977,854	15,844,767
八年	26,313,681	9,060,474	17,253,207
九年	25,827,213	10,320,780	15,506,433
十年	25,161,566	12,138,851	13,022,715
十一年	26,388,117	11,444,303	14,943,814
十二年	32,012,578	12,664,932	19,347,646
十三年	28,859,816	13,152,029	15,707,787
十四年	27,111,837	13,048,526	14,063,311
十五年	14,739,137	11,874,787	2,864,350
十六年	11,492,820	10,231,328	1,261,492
十七年	18,138,127	11,452,747	6,685,380
十八年	18,109,236	13,030,705	5,078,5311
十九年	20,138,648	14,799,986	5,338,662
二十年	22,744,820	16,417,357	6,327,463
二十一年	30,142,390	19,739,554	10,402,836
二十二年	31,006,609	20,587,426	10,419,183
二十三年	34,330,586	18,656,878	15,673,708
二十四年	36,706,224	19,845,413	17,220,811

资料来源:曾鲲化,《中国铁路史》(北京:燕京印书局,民国十三年),页691;铁道部总务司统计科编,《民国二十二年份中华国有铁路统计总报告》(出版时地未详),《统计说明》,页42—43;支那驻屯军司令部乙嘱托铁道班,《平汉铁道调查报告——经理关系》,页11。

至于营业支出方面,民国元年时营业用款仅400余万,至民国十二年时已达1,200余万元,与民国元年相较,则支出已超过二倍,但营业用款本应随营业进款为增减,故进款激增时,用款自当与之俱增,不得谓之损失。民国十三、十四年间进款递减而出款激增,较民国十二年时尚超出数十万元,乃受军事损害所致,亦即本路积弱之由来。民国十七年而后,则战火连年,支出递增。二十年营出较以前各年又增,推其原因有几:(一)战乱、水灾之业支发,工程用款浩大;(二)积极修理损坏车辆,购置配件;(三)南北二局于是年始接收统一,路员薪资较增;(四)国共内战扰乱铁路,护路、护车等用款亦增;(五)物价上涨。虽然如此,是年盈余仍达 680 余万元,实为民国十五年以后所仅见①。

铁路在交通上之价值,尚可从与其他取代物(alternatives)所需运费的比较中看出:

交通工具之竞争,除了运费的高低外,尚有其他因素决定商旅之选择。如表二和表三所示,在运费上能与平汉铁路竞争者唯有水运。本路北段河流甚多,如琉璃河站之拒马河、保定南关站之府河、石家庄站之滹沱河、顺德站之沙河、邯郸站之滏阳河、彰德站之漳河、新乡站之卫河等,其中尤以保定南关之府河输出入货物为最盛②。商货经由水陆运送,运费虽较路运为廉,但日期延缓,常有延误,而且河道深浅不定,每年通航期间甚短,不如铁路之运行捷速,起卸简便。在平汉铁路未通时,由汉口至北京需 30 日,若遇风雨阻隔,40 日亦无法到达③,但铁路

---

① 参考:平汉铁路管理委员会编,《平汉年鉴》(汉口:编者,民国二十一年),页 623—624、630—631;章勃,《国有铁路之概况与今后整理之计尽》,《交通杂志》,第 1 卷第 6 期(民国二十二年四月),页 29。

② 《京汉铁路管理局公报》,第 27 期(民国十年八月中旬),页 33;第 31 期(民国十年十月上旬),页 44;第 106 期(民国十二年十一月上旬),页 106;《平汉年鉴》,页 199—200。

③ 《中华民国道路建设协会组织分会宣言》,《京汉铁路管理局公报》,第 123 期(民国十三年四月下旬),页 53。国民政府时期行车速度,快车需 36 小时,普通车 43 小时,慢车 63 小时。参阅:铁道省办事处,《鉄道部成立後の支那鉄道》(上海:编者,昭和十年),页 45。

完成后仅需一天半至两天即可到达。并且,由于运输时间缩短,存货与堆栈之费用亦得以减少。因此在长期内战开始前,虽有河运竞争,而商民抛弃旧习取道铁路者日渐增多(表四根据各种资料列出各年经由各种交通工具进出天津货物之比率)。

表二:美国驻天津地区领事馆调查华北平原货物运输费用表(民国十五年)

运输方式	平均载重	平均每日英里	平均每英里1吨(圆)
铁路			0.015
民船	40—100 吨	20—35	0.036
大车	1 吨	20—30	0.120
驴子	250—300 磅	25	0.298
小车	700 磅	20	0.151
脚夫	180 磅	20	0.313

资料来源:Julean Arnold, *China: A Commercial and Industrial Handbook* (Washington D. C.: Bureau of Foreign and Domestic Commerce, 1926), p. 533. 调查区域包括河北、山西之关内部分及河南之黄河以北部分。

表三:整理运河讨论会调查运河之河北段各种运输工具运输表(民国二十三年)

运输方式	每公吨公里运费(分)	运输方式	每公吨公里运费(分)
肩挑	34.0	轻便铁路	2.4
公路汽车	30.0	铁路	2.0
独轮车	19.2	内河民船	1.2
驴车	18.0		

资料来源:汪胡桢,《民船之运输成本》,《交通杂志》,第 3 卷第 3 期(民国二十四年一月),页 22。

民国二十年天津常关废止,因此自该年以后即无数字性资料可供使用,但是据了解,使用铁路的比率仍继续增大①。以上资料显示出,在正常情况下,铁路由于迅速可靠,以致于运费虽然较高,但是仍日渐较水运为占优势。但是这种优势只能维持至北伐前。试以保定南关之府河为例,由于铁路之兴起,自民初以至十五、十六年间,最初帆樯往返、舳舻相接的情况已日渐减少;但是自军兴后,路线梗阻,加以运价累积,较以往高出一倍有余,以致于为河运制造吸收之机会,是以民国十九、二十两年该河商货云集,计十九年份由该河运来之输出各站货品为31,488吨,由各站输入经该河运往天津货品为191,685吨;二十年份由该河运来之输出各站货品35,064吨,由各站输入经该河运往天津货品为128,088吨。②

至于河北省棉花之运销,亦有类似的情形。运送棉花运费每担每公里大车为0.0155圆、火车为0.0087圆、河船为0.0026圆。就速度言,则船运远不如火车。船运之缓慢,除去本身行动之原因,尚有外部之因素。第一,船行需顺风,一遇逆风,则行动极慢;第二,河道水量需充足,否则易发生搁浅,耽误时日;第三,河道需有空隙,河北省河流甚窄,同时无法并行二船,船货装卸需依次序,船货拥挤时,往往连排百艘,货物到津,距卸货码头不过六七里,因码头无空隙,往往耽误十天半月。火车虽然也会遇有车辆拥塞之情形,但是一二日内即可调动松闲,不至耽误如此长的时间。

---

① Julean Arnold, *China: A Commercial and Industrial Handbook* (Washington, D. C.: Government Printing Office, 1926), p. 530.

② 《京汉铁路管理局公报》,第51期(民国十一年四月下旬),页21;《平汉年鉴》,页200。

表四:光绪三十一年至民国十九年间内地进出天津货物采用
运输工具吨数百分率表

时　　代	运　输　工　具			
	铁路	水运	大车	总计
光　绪　三十一年	44	51	5	100
三十二年	48	45	7	100
民　国　一年	53	44	3	100
二年	55	42	3	100
三年	55	41	4	100
四年	56	39	5	100
五年	60	36	4	100
六年	68	28	4	100
七年	65	33	2	100
八年	64	33	3	100
九年	71	25	4	100
十年	70.5	25.5	4	100
十一年	74	23	3	100
十二年	74	23	3	100
十三年	74	23	3	100
十四年	66	31	3	100
十五年	43	54	3	100
十六年	50	46	4	100
十七年	49	46	5	100
十八年	54	42	4	200
十九年	47	50	3	100

资料来源:清国驻屯军司令部,《天津志》(东京:博文馆,明治四十三年),页428。

Imperial Maritime Customs (hereafter IMC), *Return of Trade at the Treaty Ports of China*, for the year 1906, Part II, Vol. 1, p. 160.

MC, *Decennial Reports*, 1912-1921, Vol. 1, p. 160; MC, *Decennial Reports*, 1922-1931, Vol. 1, p. 377.

假定河道水量充足,距目的地和火车相差无几,则船运和火车运可说是利害参半,要利用何种运输工具,得视环境情况而定。如希望迅速至天津赶市价,自以使用火车为宜,否则采用船运。但实际上因地域的限制或河流水量之情形,有火车占绝对优势者,亦有船运占绝对优势者。但是在一般情况下,由内地运往天津之棉花仍以铁路运输居多,船运其次,此由常关记录即可看出。

由表五可以看出,民国十年以前,火车运输占绝对多数,但此后则逐年减少,船运逐年增加,十五年火车竟落至 7.7%,船运升至 89.1%。其原因并非由于商人之乐于船运,乃因屡年战争,车路梗塞,商人不得已利用水运,如石家庄之利用滹沱河运输,邯郸则有将棉花发五百里旱脚至献县装船运津之事实。[1]

表五:天津常关棉花移入运输工具百分比率及担数表

年次	铁路	民船	大车	总计
民国十年	496,544(78.1)	125,760(19.8)	13,076(2.1)	635,380(100)
十一年	724,514(76.7)	215,185(22.8)	4,468(0.4)	944,167(100)
十二年	715,959(74.0)	230,165(23.0)	13,671(1.3)	959,795(100)
十三年	381,616(68.7)	159,225(29.2)	13,815(2.4)	554,686(100)
十四年	464,388(43.0)	574,845(54.0)	18,137(1.7)	1,057,370(100)
十五年	73,055(7.7)	841,809(89.1)	30,283(3.2)	945,147(100)
十六年	227,064(18.4)	956,669(77.6)	46,693(4.0)	1,232,426(100)
十七年	304,238(25.1)	846,465(69.8)	61,732(5.1)	1,212,435(100)
十八年	64,779(12.5)	421,867(81.7)	29,909(5.8)	516,555(100)
十九年	167,040(18.8)	682,812(77.0)	37,565(4.2)	887,417(100)

* 括弧内数字为运输工具所占之百分比。

资料来源:曲直生,《河北棉花之出产及贩运》(北平:社会调查所,民国二十年),页 152;南满洲铁道株式会社调查部编,《北支棉花综览》(东京:日本评论社,昭和十五年),页 308。

---

[1] 曲直生,《河北棉花之出产及贩运》(北平:社会调查所,民国二十年),页 149—152。

再者如河南福中公司所产煤之运销。该公司凡行销河北东部、天津一带之煤,均由公司自设煤船自道口镇沿卫河而下,直至天津,每吨每公里运费约为 6 厘至 1 分,而平汉路之运费则需洋 1 分 1 厘[1],但水运所需时日过多,据估计,道口镇由卫河至天津 1,600 华里,下航需两周,上航需一月[2],不如铁路之迅速,故一部分仍由铁路运送[3]。

第二节 影响营运的因素

影响铁路营运的因素极多,在此,仅就政治、社会环境的不安定和经营不善两项最重要的因素,以及国民政府时期所作的改善工作略作讨论。

(一)政治、社会环境的不安定

民国时期华北地区之军阀混战有一特色,即战火大多集中于铁路沿线地带[4]。何以军阀均热衷于铁路的争夺,其理由有三:首先,铁路所提供的速度有利于运输军队及装备,大大地增广了军事力量所能影响的范围。一如法国的观察家于清末所指出的,平汉路的完工使华北和华中的军事地理大为改观。据估计,如利用平汉路和长江,近九万人的军队能在 40 天内由北洋和华中地区集中至长江下游[5]。铁路增加了军事力量平乱的速度与能力,因此在其他方面相似的情况下,军阀所

---

① 胡荣铨,《中国煤矿》(上海:商务印书馆,民国二十四年),页 338。

② 东亚同文会,《支那省别全志》,第 8 辑,《河南省》(上海:东亚同文会,大正七年),页 78。

③ 丁文江,《外资矿业史资料》(出版地点不详,民国十八年),页 20。

④ 长野朗,《支那二十年》(东京:大和书店,昭和十七年),页 119。

⑤ Ralph L. Powell, *The Rise of Chinese Military Power*, 1895-1912(Princeton: Princeton University Press, 1955), pp. 241-242.

能支配的交通工具越佳,即越能控制较大的地区①。加以铁路本身及其沿线地区也可充作榨取的对象,因此一个军阀若控制了一条铁路,即如经济史学家托尼(R. H. Tawney)所形容的——就像是一只猴子带着一只手表②。平汉路位居中原之心腹,扼南北之咽喉。北起北京,首为政治枢纽,南达武汉,向为商业巨埠,因此更为兵家必争之地③。现试就铁路设施受战争破坏及军事运输、军费挪用及铁路各种苛捐杂税两方面说明政局不安对于本路的影响。

甲、铁路设施受战争破坏及军事运输

民国以来之战火连年,对铁路最直接之影响即为铁道、车辆等设施之遭受破坏,其次则为各政治势力之军事用车与扣车。试举历次重要战争说明之。

因军事而毁路始于光绪二十六年之义和团运动,当时卢保一段业经通车,计被毁者自卢沟桥至漕河凡 120 公里,又周口店岔道 13 公里④。

---

① 铁路在后期的战役中,甚至决定了战役的规模和所使用的武器。参阅:Hsi-sheng Ch'i,*Warlord Politics in China*, 1916-1928 (Stanford: Stanford University Press,1976),p. 128.

② R. H. Tawney,*Land and Labor in China* (Boston: Beacon Press,1932), p. 86.

③ 自光绪三十二年平汉、宣统三年津浦二路相继通车后,北京的安危即系于由此二大干线和陇海路所形成的"A"字形区域。此区域在现代战略地理上成为中国的心脏,其中任何一部受到威胁即等于首都(北京或南京)受到威胁。详见:Jerome Ch'en,"Defining Chinese Warlords and Their Factions," *Bulletin of the School of Oriental and African Studies*, 31:3 (1968),pp. 581-582. 一位日本学者则认为平津、广州、上海、汉口四点形成一菱形区域,以上海、汉口间的长江下游为短对角线,平汉、粤汉二铁路为长对角线。参阅:日比野丈夫,《中国におはる都市の移动》,《中国历史地理研究》(京都:同朋舍,昭和五十二年),页 467。

④ 交通部、铁道部交通史编纂委员会编,《交通史路政篇》,页 1410。青雷,《我国铁路受战乱损失之估计》,《太平导报》,第 1 年第 8 期(民国十五年三月),页 17。平汉路工人因义和团运动而辍业者数以万计,参阅:陈善同等纂,《重修信阳县志》,民国二十五年,卷 11,页 15 上。

宣统三年辛亥革命爆发，其时平汉路广水以南为南军所占，对于所有车辆有事借以行兵，无事视为房舍，几于全供军用，是为军人占据铁路车辆之滥觞①。民国三年适值国民党二次革命，本路车辆都供军用，总计二年下半年至三年上半年期间，运兵之费高达 140 万元以上②。民国二年复辟之役，民国五年直皖之战，虽然仅在北京、保定一段，而声势已足惊人，双方扣车达三月之久。民国十一、十三两年直奉交绥，则黄河以北尽入火线。十四、十五两年国直交哄，则全线骚动，交通中断③。军运所占比重如表六所示④：

军事运输最明显的弊端即为妨碍正常营运。内战期间，平汉路因常受军运兵车延宕之影响，货物为海运所夺者，每年为数不少⑤。铁路

---

① 曾鲲化，《中国铁路史》(北京：燕京印书局，民国十三年)，页 399。

② 《交通史路政篇》，页 1345。

③ 陈铭勋，《经济改造中之中国工业问题》(上海：新时代教育社，民国十七年)，页 85；《北支那に於ける諸線列車運転状況》，《調查時報》，第 6 卷第 3 期(大正十五年三月)，页 50。张瑞德，《中国近代铁路事业管理的政治层面分析(1876—1936)》，台师大博士论文，1986 年，页 14—16。北京所需粗粮向由平绥路运输，面粉、米、麦等项则向由平汉、北宁两路运输。内战时期，常因交通阻塞或沿线军阀有意搁截，而使得北京地区的米粮、燃料来源断绝。参阅：段祺瑞请拿办曹吴文》，收于：瀛江浊物，《吴佩孚正传》(上海：国史编辑社，出版时间不详)，页 172；《交通公报》，第 45 期(民国九年九月)，公牍，页 9；第 763 期(民国十三年十二月九日)，页 11；第 764 期(民国十三年十二月十日)，页 6；《京汉铁路管理局公报》，第 183 期(民国十四年十二月下旬)，页 49—50。Tim Wright, *Coal Mining in China's Economy and Society*, 1895-1937 (Cambridge: Cambridge University Press, 1984), p. 151.

④ 据另一项记载，平汉路所载军人人数，民国十年为 228,426 人，十一年为 196,132 人，十二年为 161,242 人，十三年为 273,418 人。参阅：Jean Chesneaux, Francoise Le Barber, and Marie-Claire Bergère, *China from the 1911 Revolution to Liberation* (London: The Harvester Press, 1977), p. 136. 作者并未注明资料来源。

⑤ 《京汉铁路管理局公报》，第 64 期(民国十一年九月中旬)，页 34。

沿线各站则商货堆积如山,苦无车辆装载,间有取巧商人勾结不良军队,私卖车皮,以图重利。至于客车往来,旅客拥挤不堪,苦无车辆可以多挂,甚至每次列车之客货机车时有在中途被各军队强行摘留情事。旅客往往攀登车顶,长途风霜困苦已极,并且车辆震动,偶有疏忽即有生命危险。又所挂棚车甚至有军人把门,非另索费不准旅客进入之事①。

表六:平汉路客运中军运所占比率表(民国八至十四年)

年份	载客总数	军运数	军运占载客(%)
	(延人公里数)		
民国八年	608,315,551	128,138,427	21.06
九年	628,878,764	132,259,055	21.03
十年	526,733,884	116,348,881	22.09
十一年	490,260,467	83,352,085	17.00
十二年	515,217,471	54,000,911	10.48
十三年	559,824,440	114,045,680	20.37
十四年	604,312,414	205,487,273	34.00

资料来源:严中平等编,《中国近代经济史统计资料选辑》(北京:科学出版社,1955年),页210。本表系据历年《京汉铁路会计统计年报》计算制成。

军运除了妨碍一般正常营运外,尚有以下几种不良影响:第一,增加浪费。少数军队、军需常占用多辆车辆,装不如量;军队预留车辆常积久空停;开到地点后卸载稽延,食宿其上;开驶专车过量,未能节省;机车久被军队占用,锅炉均欠刷洗,汽力不足,以致速率减小,这些情形均增加了不必要的损失。第二,军阀不遵守交通规则,或数列军车共用一路签,道致路线垄断;或车列过长,避让困难;或强迫员

① 《京汉铁路管理局公报》,第188期(民国十五年二月中旬),页20;第190期(民国十五年三月上旬),页47。

司变更行车时刻,增加行车速率,凡此均影响行车安全,致使车祸时有所闻①。

对于军阀的占用车辆,平汉路局虽经竭力交涉,但是沿线军事不息,致所占车辆此放彼扣。虽由各军事领袖再三严令催饬,但阳奉阴违,终鲜实效。总计至民国十四年二月止,共被占用客、货各车 1,128 辆、机车 44 辆。② 十五年春,国民二军败后,虽全线得以通车,但因南口军事未了,北京、顺德间军队扣留车辆数达 1,300 余辆、机车 30 辆,加以沿线枕木腐败,钢轨、桥梁、站上设备因军事破坏而应加以修理或更换者,共需 1 千万元左右,全年有形、无形损失总数约达 5 千万元③。十六年北伐军会师武汉,节节推进,平汉路除应征调备输送外,不幸遇郾城、郑州二次子弹车爆炸之祸,被毁车辆为数甚巨,故十五、十六两年营业状况之低落为前所未有④。且致平汉路于十六年底时所有之车辆,客车比从前仅有三分之一,而三分之一中尚有十分之六亦不能用;货车仅有从前四分之一,而此四分之一中亦仅有十分之五、六可用,有不能用者亦为各军扣去⑤。

---

①　《京汉铁路管理局公报》,第 2 期(民国二年十二月二十日),页 32—35;第 25 期(民国十年八月上旬),页 24;第 93 期(民国十二年六月下旬),页 21;《交通公报》,第 760 期(民国十三年十二月六日),页 5;第 834 期(民国十四年三月四日),页 8;Maritime Customs(hereafter MC),*Decennial Reports*, *1912-1921* (Shanghai：Inspector General of Customs,1924),Vol. 1,p. 319.

②　《交通公报》,第 871 期(民国十四年四月十二日),页 6。据另一项资料显示,同年全路所有各项客车共计 194 辆,其中为他路所留用者 91 辆,为各军队所扣者 80 辆,其余作维持客运之用者,仅剩余 20 辆。参阅:《京汉铁路管理局公报》,第 158 期(民国十四年四月中旬),页 28。

③　章勃,《内战中铁路的状况》,《现代评论》,第 4 卷第 88 期(民国十五年八月),页 90。

④　《平汉年鉴》,页 640。据另一项统计,民国十五年一至四月,平汉路所受军事损失为 14,195,282 元。参阅:《战乱与铁道的损失》,《晨报》(北京),民国十五年四月二十三日,转引自:宓汝成,《帝国主义与中国铁路》,页 519。

⑤　《申报》(上海),民国十六年十一月十二日。

民国十七年武汉国民革命军入豫北伐时,平汉路郑县、鄢城一带破坏不堪,尤其以 5 月间奉军溃退时,沿路败坏更甚①。奉军退出关外时,并扣去机车 76 辆、煤水车 74 辆、客货车 2,300 余辆②。几乎扣去中国所有车辆之半,以致平汉路中、北二段一空如洗。据报道,平汉路原有车辆四千余辆,除各军扣去之车辆外,尚有 1,400 余辆,其中仅 100 余辆可供使用③。机车之缺乏及其对铁路营运之不良影响,由交通部长王伯群呈政府文中即可探知:

> 此次奉军出关,预有计画,京绥、京汉、津浦等路机、货、客车被携出关外者,计有数千辆之多,价值数千万元之巨……查军兴以来,各路车辆或遭破坏,或被利用,深感缺乏,此次奉军退却,复将各路多数车辆携出关外,使关内各路客货运输一时无法恢复,国计民生关系非浅④。

又据民国十七年十二月二十日铁道部长孙科咨军政部请放还被扣车辆文中,附有各路军队占用车辆数目报告表,兹附录如下表七:

表七:民国十七年底各路军队占用平汉铁路车辆数目表

	机车	客货车
第一集团军	1	13
第二集团军	4	149

---

① 沿线工程设施遭受破坏之情形可参阅:朱新繁,《中国资本主义之发展》(上海:联合书店,民国十八年),页 367—368 所附《1928 年 5 月间奉军溃退时京汉铁路沿线破坏工程表》。
② 《平汉年鉴》,页 640。
③ 《大公报》(天津),民国十七年五月二十一日。
④ 《交通公报》,第 24 期,转引自:朱新繁,前引书,页 369。

（续）

	机车	客货车
第三集团军	1	110
第四集团军	8	141
他项军队		1（货）
总计	14	414

资料来源：《各路军队占用车辆数目报告表（民国十七年十二月）》，铁道公报，第 2 期（民国十八年一月），页 111—114；朱新繁，《中国资本主义之发展》（上海：联合书店，民国十八年），页 373—374。

民国十八年，冯玉祥与国民政府决裂，国民政府主席蒋介石率兵征讨，主要战场在河南，平汉路桥梁与建筑物破坏之多，实以是年为最[1]。北京至顺德一段仅存机车 27 辆、客车 97 辆、货车 573 辆，货车大多被军方占用，许多机、客车的状况不良，结果造成无车可用的局面[2]。因此铁道部顾问华德尔（J. A. L. Waddell）即认为整理平汉路为当时中国最急切的工作[3]。平汉路局则建议铁道部募集百万元作为重建经费，并认为若非立即采取补救措施，则全路将立即陷于瘫痪状态[4]。民国十九年中原大战，战区扩大，战祸之烈为历年所未有，其损失恐达 4 亿左右，而交通事业即占四分之一[5]，而平汉路在此次战争中损失各种车

---

① 《平汉年鉴》，页 640。

② "Kin Han Line Faces Bankruptcy", *The Chinese Economic Bulletin*, 15：2 (July 13, 1929), p. 24.

③ 《铁道公报》，第 5 期（民国十八年四月），页 152。

④ "Five Million Loan Recommended for the Ping-Han Line," The *Chinese Economic Bulletin*, 15：4 (July 27, 1929), p. 50.

⑤ 楼祖诒，《整理邮政之我见》，《交通杂志》，第 1 卷第 9 期（民国二十二年七月），页 12。

辆则在 3 千辆以上(见表八)。

表八:中原大战期间平汉路损失车辆统计(民国十九年)

	机车	客车	货车
战前车辆数	230	360	3,900
战后车辆数	95	95	1,037
减少车辆数	135	265	2,863

资料来源:古楳,《现代中国及其教育》(上海:中华书局,民国二十三年),页 224。

民国二十年彰德军队调遣频繁,交通梗阻,受损亦颇为严重。总计民国十九、二十年南北大战期间,平汉路机车、车辆被军队扣用者虽较陇海路为轻,但其车辆之损失则为空前(见表九)。

表九:南北大战期间平汉、陇海路机车、车辆被军队扣用数目表

		平汉	陇海
民国十九年底	机车	40	24
	客货车	738	1,039
民国二十年底	机车	20	19
	客货车	387	873

资料来源:陈晖,《中国铁路问题》(上海:新知书店,民国二十五年),页 10。

据平汉路局之估计,该路于民国五至二十年间所受之军事损失,其中以营业为最巨,车辆次之,建筑物与设备品又次之,共达 1 亿元以上(见表十),其中建筑一项且被学者评为过低[1]。其总数已超过本路积欠之全部债额,与原来建筑干支线之资金总额相较,亦不相上下。据一

---

[1] 陈晖,《中国铁路问题》(上海:新知书店,民国二十五年),页 11。

铁路专家之估计,华北各铁路历年因军事所受之损失,则在5亿元左右①。此外,红枪会、大刀会以及游勇散卒等,亦屡肇拆轨、毁桥、覆车、焚站诸祸,害亦非浅,此皆军事之遗祸,至于增设护路警队、宪兵,所需给养与筹建防御工程各耗费之间接损失,尤难估计②。

表十:民国五至二十年平汉路所受军事损失统计表

单位:圆

	建筑	车辆	营业	其他	总计
民国五年			8,867,162.61		8,867,162.61
九年			3,570,228.91		3,570,228.91
十一年			6,563,823.17		6,563,823.17
十三年	50,140		2,574,495.70		2,624,635.70
十四年			4,740,339.53		4,740,339.53
十五年	24,050	135,060	14,817,125.53		14,976,235.53
十六年	27,830		17,862,180.38		17,890,010.38
十七年	17,700	4,763,900	11,171,900.15	276,862.00	16,230,362.15
十八年	125,250		11,237,320.36		11,362,570.36
十九年	45,912	11,264,600	9,222,414.70	3,655,984.00	24,188,910.70
二十年	23,795		6,153.44		29,948.44
总计	314,677	16,163,560	90,633,145.95	3,932,846.00	111,042,228.95

资料来源:平汉铁路管理委员会编,《平汉年鉴》(汉口:编者,民国二十一年),页641。

全国统一之后,铁路状况略为恢复正常,但是幸存之车辆、路轨却仍

---

① 马札亚尔著,徐公达译,《中国经济大纲》(上海:新生命书局,民国二十二年),页406。

② 《平汉年鉴》,页640。

处于残破状态。据铁道部的估计,华北各路如进行大规模之必要整修,需耗资 5 千万元,其中平汉一路即需花费二分之一①。如平汉路于民国十二、十三年时,有机车 229 辆、客车 365 辆、货车 3,919 辆,北伐统一后,仅存机车 105 辆、客车 119 辆、货车 307 辆,后竭力设法收回,以致民国二十三年前后时,增至机车 205 辆、客车 303 辆、货车 2,713 辆,但可用之客、货车不超过三分之二,机车亦不超过五分之三,并且均已超过使用年龄,桥梁轨枕亦均破坏不堪,黄河铁桥险状环生②。经过国民政府的重整工作,至抗战前,可用车辆之比率已有增加(见表十一)。

表十一:平汉路各种车辆分配状况表(民国二十六年五月)

单位:辆

	机车	客车	货车
客运	52		
营业用货运	76	341	2,269
调车	25		
军用	4	12	118
路用	5	10	212
修理	46	47	359
共计	208	410	2,958
营业用占现有百分率	74	83	77
修理占现有百分率	22	11	12

资料来源:杨毅,《三十年来中国之铁路机械工程》,收于:中国工程师学会主编,《三十年来之中国工程》(南京:编者,民国二十五年),页 6—10。

平汉路由于位居多次战火之中心,因此在商业运输之损失上,居华

---

① MC,*Decennial Reports*,*1922-1931*,Vol. 1,p. 376.《国民政府の铁道整理统一计画及北宁铁道の中央移管》,《调查时报》,第 9 卷第 9 期(昭和四年九月),页 63。

② 石西民,《最近中国铁道的整理问题》,收于:中国经济情报社编,《中国经济论文集》(上海:生活书店,民国二十五年),页 278。

北四路(平汉、北宁、平绥、津浦)之冠①。与之相连者则为民国十五年以后运费率之增高亦为国之有铁路之冠②。军兴前,客运基本价每人每公里不过 1.2 分,货运基本价每公里亦仅收 2.025 分,往后则屡次增加,客运增至 1.7 分,货运增至 3.528 分③。商民不堪负担,加以路运由于连年内战使路轨与黄河桥失修,火车常误点,由北京到汉口也渐由一天延至两天④,且常因战火梗阻,纷纷改采其他运输工具。如汉口茶商运茶至蒙俄等处,原由平汉路装运,内战时期以路运中断,不得已改由英轮装运,损失甚巨⑤。原始而缓慢的水运随着铁路优势的消失,所居地位亦相对地日益重要,此点已于上节中详举例证,在此不再赘言。

乙、路款挪用及铁路上各种苛捐杂税

中国铁路各线的出纳总额虽自始即收支不能平衡,但分外的负担数目极微⑥。袁世凯虽启强迫接济政费之端,但是直至洪宪告终,数年间所用之款未超过 4 千万元⑦。元气虽伤,恢复犹易,至其后竟沿袭成

---

① MC,*Decennial Reports*,*1922-1931*,Vol.1,p.377.

② 支那驻屯军司令部乙嘱托铁道班,《平汉铁道调查报告——车务、通信、保安关系》,页 107。

③ 《京报》,民国二十三年六月十五日,转引自:石西民,前引文,页 281。

④ 张忠绂,《迷惘集——作者自传》(香港:出版者不详,1968 年),页 22。

⑤ 《铁道公报》,第 3 期(民国十八年二月),页 270;叶恭绰,《代邮传部拟咨税务处度支部湖广总督》,收:俞诚之编,《遐庵汇稿》(出版地点不详,民国十九年),页 72—73。

⑥ 但是宣统年间即已有人撰文呼吁铁路收入应实行特别会计。参阅:黄为基,《铁道特别会计论》,《交通官报》,第 27 期(宣统二年十一月十五日),页 1—3。民国初立时也有人明白地抨击过:"政府今日欲千金,京汉即给千金,政府明日欲万金,京奉又付万金……铁道营业之所入,尽政府充暗昧之挥霍,可伤哉!"华南圭,《中国铁道改良述要》,《铁道》,第 1 卷第 2 期(民国元年十月),社论,页 38。

⑦ 叶恭绰,《交通救国论》(上海:商务印书馆,民国十九年),页 22。

例,不再能有限制,移充政费之款于是超过 1 亿元,几全归交通部担负。其时交通部之收入固尚有邮、电二项①,但与铁路相较,所占甚少,各军阀向交通部勒索之款,基本上均来自铁路。又如民国九年,安福系的平汉、平绥路局局长丁士源即挪用路款 1,600 万银元充作安福俱乐部政费②。至于各地军阀,直鲁豫巡阅使吴佩孚于民国九年竟不问财政部要索,首先于平汉路南段设监收处,劫取路款③,此后各地军阀即纷纷仿效。当时北洋政府拨给正规军每月的经费,以银 14 万两为定额,对于非正规军每月补助 4 万两,其不足之数令统制官取自给自足制。吴佩孚所辖 5 个正规师及 2 个非正规师,合计每月经费 7、8 万两,非自筹不可。在变态财政规划之下,大部分兵费以平汉南段(由黄河南岸至汉口大智门)的铁路收入充之。据估计,吴佩孚自民国八年入洛阳至十三年之六年间,用变态方式支付军费之总额,共达银 680 余万两④。无怪吴佩孚要在汉口增设一汉口办事处,并以其心腹冯沄担任处长"管理"铁路⑤。军阀

---

① 叶恭绰,前引书,页 22。

② Andrew J. Nathan, *Peking Politics* 1918-1923: *Factionalism and the Failure of Constitutionalism* (Berkeley: Univ. of California Pr., 1976), pp. 110, 229. 安福系败后警察至其住宅搜查,据报载,丁士源动产有 150 余万,不动产有 80 余万,于安福系十巨头中为最富。参阅:西塘野史,《安福部》(出版地点不详,民国九年),下编,页 24—26;鸿隐生,《安福趣史》(上海:宏文图书馆,民国九年),页 89。

③ 改造湖北同志会,《民国十年之吴佩孚》(出版地点不详,民国十年),页 13;叶恭绰,前引书,页 22;正华,《中国交通概况》,《上海总商会月报》,第 4 卷第 1 期(民国十三年一月),调查,页 2。

④ 吴佩孚先生集编辑委员会编,《吴佩孚先生集》(台北:编者,1960 年),页 316—317。

⑤ 《京汉铁路管理局公报》,第 58 期(民国十一年七月上旬),页 32。参阅 Odoric Y. K. Wou, *Militarism in Modern China: The Career of Wu P'ei-Fu*, 1916-1930 (Dawson: Australian University Press, 1978), p. 71。

截留路款即意味着北洋政府的财源减少[①]。民国十四年二月,交通部在所提《交通行政权统一案》中抱怨交通收入之任意为军阀所提取,平汉路每年提额即达千万元之巨[②]。军阀任意提取路款的情形至北伐前一直存在,如民国十七年铁道部于一次记者招待会中指出,平汉路在旺月收入不过 150 万元,而每月经费必需 110 万元,所余已属无几,在该年四月以前,所供各军协饷计第二集团军 50 万元,三、四集团军各 35 万元,共计 120 万元,以致路局员司薪俸亦且无着,遑论整理[③]。又民国十七年八至十一月的四个月之间,各集团军自平汉路提用路款将近 300 万元(见表十二)[④]:

国民政府统一全国后,铁路会计并未能独立,仍需直接支付许多军

---

　　① 如北京教育经费每月需 22 万元,民国十年北京政府国务会议议决由交通部代财政部垫拨,但因交通部部款支绌,积欠 3 个多月,教员纷纷向部索取,但部库空虚,无筹可筹,乃令平汉铁路局解部 5 万元,但为路局所婉拒,见:京汉铁路管理局公报,第 54 期(民国十一年五月下旬),页 33—34。此事件颇能反映出北洋政府财政之困窘及占据铁路之军阀的势胜。

　　② 俞诚之编,《遐庵汇稿》,页 32。

　　③ 《铁道公报》,第 4 期(民国十八年三月),页 108;《国民政府の铁道整理统一计画及北宁铁道の中央移管》,《调查时报》,第 9 卷第 9 期(昭和四年九月),页 62。据社会调查所于民国十八年所作调查,平汉路大约自十五年以后,各段工资每年有欠一二月者,有欠五六月者;至于奖金一项,则自民国十四年起即行拖欠。参阅:刘心铨,《华北铁路工人工资统计》,《社会科学杂志》(上海:社会调查所),第 4 卷第 3 期(民国二十二年九月),页 339。平汉工人抗议未发薪水而罢工之事时有所闻。参阅:《铁道公报》,第 4 期(民国十八年三月),页 101—102;"Lightening Strike on Kin-Han, *The Chinese Economic Bulletin*, 15:3（July 20, 1929）, 35.; Paul Arandt 著,藤泽久藏译,《中国劳働事情》(东京:生活社,昭和十六年),页 319;吾孙子丰,《支那铁道史》(东京:生活社,昭和十七年),页 148—149。

　　④ 据另一项资料报道,在北伐完成前,军阀每月自平汉路取走 50 万元。参阅:George Bronson Rea, "Sun Fo's Stupendous Task: China's Railway Rehabilitation," *The Far Eastern Review*, 19:11（Nov. 1928）, p. 492。

费及其他开支①。直至民国二十四年,铁道部顾问汉猛德(F. D. Hammond)在一份调查报告中还指出,北宁、平绥、平汉、津浦、陇海等路每年协助军事机关480万元②。

表十二:各集团军提用各铁路款项数目表(民国十七年八至十一月)

	第二集团军	第三集团军	第四集团军	总计
平汉	1,832,000	550,000	570,000	2,952,000
北宁		50,000	500,000	550,000
平绥		150,000		150,000
道清	40,800			40,800

资料来源:《各集团军提用各铁路款项数目表(民国十七年八至十一月)》,《铁道公报》,第2期(民国十八年一月),页82—83。

民国十五、十六年间,兵连祸结,平汉路首当其冲,于是全线或断或

①　如民国二十一年一至四月平汉路收支情形如下:

营业收入		每月支出经费	
一月份营业收入	160万元	职员薪金	40万元
二月份营业收入	170万元	钢铁材料费	5万元
三月份营业收入	240万元	护路军费	1.5万元
四月份营业收入	270万元	教育费	4,800元
		国民党部费	3,500元
		特别费	3,000元
		盐业银行借款利息	800元
		中央军费	30万元
		北平绥靖公署军费	40万元
		煤及诸杂费	20万元
		共计	137.71万元

资料来源:情报系编,《支那铁道》,《满铁调查月报》,第13卷第7期(昭和八年七月),页200。

②　汉猛德,《汉猛德将军视察中国国有铁路报告》(出版地点不详,民国二十六年),页119。

续。军阀代兴,形成割据,而苛捐杂税层出不穷。十五年四月,军事当局依本路运价加收附加捐二成,同年十一月一等货物每吨另捐 4 元,其后该项捐款加至每吨 10 元 5 角。十六年三月,又将每吨 10 元 5 角之捐取消,另订新附加捐按运价收一成五,同年五月该附加捐增至二成五[①]。十七年冯玉祥又对平汉路的河南段征收 40% 的军事附加捐,致使食盐及丝、烟等货物之捐税占运价的 15%,粮食、大豆则占 70%。华北河道甚少,农民运输货物原多恃铁路,由于捐税的繁苛,农民转赖大车销售农产,时间、费用浪费甚巨[②]。据铁道部的统计,第二、三、四集团军于十七年八至十一月的三个月内,在平汉路所征收的军事附加捐即达 120 余万元,远超过其他各路(见表十三)。

表十三:各路征收军事附加捐数目表(民国十七年八至十一月)

路　名	捐　税　名　目	所收数目(元)
平　绥	军　事　附　加　费	316,694.63
	煤斤军事附加费	54,066.25
	军　事　费	10,488.75
	裁　兵　费	28,946.83
平　汉	军　事　附　加　捐	1,285,546.58
陇　海	军　事　附　加　捐	685,178.02
道　清	军　事　附　加　捐	16,981.96
平　奉	盐运军事附加捐	18,200.00
共　计		2,416,703.02

资料来源:《铁道公报》,第 2 期(民国十八年一月),页 83。

①　《京汉铁路管理局公报》,第 252 期(民国十六年十一月下旬),页 33。
②　何汉文,《中国政治经济概况》(广州:中央陆军军官学校政治训练处,民国十八年),页 181。James E. Sheridan, *Chinese Warlord: The Career of Feng Yü-hsiang* (Stanford: Stanford University Press, 1966), p. 248.

平汉路鄂、豫二省货捐局所征铁路货物捐原极繁重,民国十七年十二月一日又修改捐则,增加税率自三倍至十倍以上①。例如 20 吨糖一车,由汉口至郑州,原征货捐 30 元,增至 80 元,他如颜料、烟草,前征 80 元及 100 元,现增至 1,400 元及 2,000 元,商民不堪负担,竟至停运,致路局大受影响,每月所进站款仅七八千元②。后因多方陈情始恢复原状。国民政府成立后,铁路沿线征税机关并未减少,据一项统计,民国二十年时平汉路全线共有征税机关 133 处,平均每 8.7 公里即有一处③。

更有进者,平汉路客车本已缺乏,不敷营业之用,各机关人员行动,又常要求挂包车,甚至各公署谘议顾问以及中级人员,亦复迫挂包车,如遇站上无车,则硬摘票车加挂。送到地点后,竟有不肯发还扣作回程之用者,亦有携带家眷留作旅舍用者,亦有长年扣留绝不准他处挂用,并拒绝入厂修理者。似此情形,不但浪费车辆,而且易于损坏。至于军人之无票乘车、多占座位、殴打路员夫役、携带货物不完厘税,更是司空见惯,影响正常营业④。甚至有军队于军运车辆内夹带违禁物品,贩运烟土、金丹之情事⑤。

---

① 《铁道公报》,第 2 期(民国十八年一月),页 77;《铁道公报》,第 3 期(民国十八年二月),页 260。

② 《铁道公报》,第 2 期(民国十八年一月),页 131—132。

③ 宓汝成,《帝国主义与中国铁路》,页 522。

④ 《交通公报》,第 44 期(民国九年八月),公牍,页 1—2;《京汉铁路管理局公报》,第 8 期(民国十年二月二十日),页 26;第 15 期(民国十年四月十日),页 16;第 31 期(民国元年十月上旬),页 29—30;第 43 期(民国十一年二月上旬),页 30;第 59 期(民国十一年七月中旬),页 12—13;第 69 期(民国十一年十月下旬),页 38;《交通公报》,第 230 期(民国十二年五月二十四日),页 1—2。奉军在河南时,对于平汉路、陇海路的交通维持得较好,如查出有兵士坐在客车上,即处罚其团长、旅长。参阅:冯玉祥民国十六年八月二十九日演讲词,收于:李泰棻,《国民军史稿》(出版地点不详,民国十九年序),页 406。

⑤ 《京汉铁路管理局公报》,第 64 期(民国十一年九月中旬),页 43;第 178 期(民国十四年十一月上旬),页 39。

又因各军欠饷过多,军事领袖于是常假借军用品,代商包运大宗货物,收其现款以补助军费。但派出人员每乘机多揽,从中渔利,于军费补助无多,却使路款损失重大。甚至有下级军人结成团体,在平汉、津浦、北宁等路,按值百抽三办法向商家揽载,关税运费统括在内包运包送,商人趋之若鹜。据估计,若能禁绝包运,并限定各军队每月所需军用品种类,除紧急军运外概不代运,则每年可增收入二三百万元[①]。这项恶习直至铁道部于民国十七、十八年再三抗议后才消失[②]。

(二)经营不善

铁路为中国近代公营企业中之最大事业(例如平汉路的规模即大于江南制造局和汉阳铁厂),其特殊性质也与普通行政机关不同。路线绵长,恒达数千里;员工众多,常至数万人;资产之巨,每有百、千万元;业务之繁,辄有数十种。故铁路机关必须有完善之组织,职责分明,既有高度分殊(differentiated)之结构,复有圆融整合(integrated)之性质,方能收指臂运用之功效。但平汉路与中国其他官办事业相同[③],自始即充满官僚气息而不易以企业方式经营。在此仅由纪律不良、营业方法失当及冗员过多三方面探讨之。至于外人干涉之问题,由于平汉路于清末即已赎回自营,影响较其他以外资修筑的铁路为小,故仅作简略讨论。

---

① 《京汉铁路管理局公报》,第 3 期(民国九年十二月三十日),页 33;第 108 期(民国十二年十二月下旬),页 44;曾鲲化,《中国铁路史》,页 402。如马头镇站原有空车 174 辆,其中仅有 2 辆作为载运顺德府煤之机车,其余车辆均为驻彰德之毅军马团兵士等留装商货,由马头镇至官庄。前项车辆卸空后复行装载,往返不息;全由该兵士等押运商货分往沿线各站,商人则另缴费用与该等兵士。参阅:《交通公报》,第 860 期(民国十四年三月三十日),页 3。

② E-tu Zen Sun,"The Pattern of Railway Development in China," *The Far Eastern Quarterly*, 14:2 (Feb. 1955), p. 193.

③ 江太新,《试谈洋务派对企业的管理》,《经济研究》1980 年第 1 期,页 71—75。

甲、外国势力的介入

平汉路的借款是在法、比、俄三国的勾结下形成的①。在铁路修筑时,外国的资本和技术弥补了中国的不足,但是也由于借款之故致使铁路最初之重要职位全操于外人之手。在铁路修筑期间,所雇用的洋员包括 40 名法国人、30 名比利时人、25 名意大利人、12 名他国人士,此外尚包括许多欧洲籍(主要为意大利)的包商②。完工后仍用洋工程师 1 员,岁薪 6 万法郎,另驻比洋员 13 人,经理拨款、购料等事项,又各段核算、文案、管料洋员十人,薪俸亦颇不资。光绪三十四年(1908)赎回自营后,陆续将总工程师及驻比 13 人全行裁撤,各处分派华人任总管。全路大段亦经并三为二,又遣散洋员 30 名,裁去监工、棚头等员役 100 余名数,据估计,每年约可节省银 10 万元③。至宣统二年年底止,全路洋员尚存 72 名④。平汉路不同于胶济、南满、中东各路,依光绪二十三年(1897)借款合同之规定,所有权为中国政府所有,所得赢利归财政部。所雇用外籍工程师及其他专家,均为中国政府之雇员,沿线警务归中国管理⑤。但至光绪二十四年五月所订合同,竟加上中国总公司与比公司或其他代表有争执时,由比公使与总理衙门公断,则中国已失雇主的地位。更有

---

① Percy Horace Kent, *Railway Enterprise in China: An Account of Its Origins and Development* (London: Edward Arnold, 1907), p. 97;李国祁,《中国早期的铁路经营》,页 152。

② IMC, *Decennial Reports*, *1892-1901*, Vol. 1, p. 307.

③ 《商务官报》,第 18 期(宣统元年六月十五日),页 6—7;关赓麟,《京汉铁路之现在及将来》,页 165,原书未见,转引自:汪桂馨,《铁路经营学纲要》(上海:正中书局,民国二十四年),页 191—192。

④ Henry G. W. Woodhead, ed., *The China Year Book 1914* (London: George Routledge & Sons, Ltd., 1914), p. 221.

⑤ 王景春等,《中国铁路借款合同全集》(北京:交通部,民国十一年),上册,页 49—94;《中国铁路问题》,《交通公报》,第 38 期(民国九年二月),选录,页 1—12。

进者,同日另订行车合同一纸,由中国铁路总公司委托比公司行车大权,再由比公司选派妥人,将该路代为调度,经理行车生利,因此有招雇外国员匠之权,中国公司仅有稽核路款之权①。因此实际上,直至光绪三十三年清政府将铁路赎回之前,铁路一直是在比利时人控制之下②。即使是赎回自营后,外人的影响仍未成为过去。所用文字如客车上一切指示标牌等,多数仍仅用法文,来往旅客殊感不便③。民国九年平汉、平绥二路合并后,曾饬令各处公文应用文字以中文为主,但不谙中文之洋员及电报与专门名词仍得沿用法文,因此在改用文字之中,仍寓便利洋员之意④。至十六年始规定除行车电报得用法文外,所有来往文簿各件及与商行交接均仅专用中文⑤。此外,路局于赎回自营后,仍于民国十一年开设法文补习所,专为员司及其子弟补习法文⑥,直至十六年始裁撤⑦。外国势力对平汉路的营运所造成的损害,除雇用洋员需消耗大量薪俸外,尚有以下数项⑧:

———————

①　王树槐,《近代中国铁路发展》(稿本)。

②　凤冈及门弟子编,《三水梁燕孙先生年谱》(出版地点不详,民国二十八年),页71; Lee En-han, *China's Quest for Railway Autonomy*, 1904-1911, p. 24.

③　《京汉铁路管理局公报》,第4期(民国十年一月十五日),页45。

④　《京汉铁路管理局公报》,第167期(民国十四年七月中旬),页39。

⑤　《京汉铁路管理局公报》,第227期(民国十六年三月中旬),页5。

⑥　《京汉铁路管理局公报》,第110期(民国十二年十二月中旬),页43。参阅:《京汉铁路法文补习所章程(十五年九月一日)》,《京汉铁路管理局公报》,第228期(民国十六年三月下旬),页8—12。

⑦　《京汉铁路管理局公报》,第243期(民国十六年八月下旬),页14。

⑧　陈璧,《密陈近日筹赎京汉铁路折》,《望岩堂奏稿》,卷8,页16下;涂恩泽,《论中国铁道进行之计划及改革之要旨》,《铁道》,第1卷第2期(民国元年十月),社论,页4;林传甲,《易县入京纪程》,《地学杂志》,第8年第1期(民国六年一月),页11;《京汉铁路管理局公报》,第25期(民国十年八月上旬),页33;第175期(民国十四年十月上旬),页40—41;第260期(民国六年八月下旬),页60;王树槐,《近代中国铁路发展》(稿本)。

第一,工程方法失当。据估计,平汉、沪宁等借洋款所筑之铁路,每里建筑费多至 4 万余元,而靡费居十分之四。

第二,比公司管理行车,中国虽有稽查之权,但既委托外人调度,即非完全自有。

第三,比公司匀分二成余利,该公司又为求多分余利,往往将工程用款推归造路成本项下开支,致多争论。

第四,以路抵押,本利一日未清,即一日受其牵制。

第五,华洋员待遇相差悬殊,如外人任查票者,薪水倍于华人,导致华人之营私舞弊。

第六,洋员不明了中国国情。外人对于铁路沿线地理、水流之沿革多所隔膜,以致在修筑时,建桥地点或有非宜,涵洞大小亦有未当。每遇山洪暴发,桥址路基常遭冲刷。此外,对于中国工商事业、社会状况多不经心,尤为一般洋员之通病。

第七,部分洋员年事高后,学识已无法因应最新铁路技术改良之需要,甚至骄恣自大,不服约束。

乙、纪律不良

平汉路和中国其他公营事业相同,自始即无法避免贪污。例如光绪二十三年(1897)汉阳铁厂郑观应即密函汉厂和铁路公司督办盛宣怀,代购平汉沿线土地二百亩[1]。在清末主持路政之盛宣怀也曾多次为御史所弹劾,后由唐绍仪接任督办[2]。唐受事之初,即撤换南北行车

---

[1] 光绪二十三年五月二十二日(1897 年 6 月 21 日)郑观应致盛宣怀密函,收于:盛宣怀档案资料(上海图书馆藏),转引自:汪熙,《论晚清的官督商办》,《历史学》,创刊号(1979 年 3 月),页 103。

[2] 盛宣怀,《愚斋存稿》,卷 45,页 25—26;卷 46,页 26;《东方杂志》,第 2 年第 8 期,财政,页 131—146。

监督,改派其侄婿施肇基担任,任人理财,权悉归施,上自委员,下及查票、车首,多半因贿而得①。民国四年爆发之交通大参案,兼涉平汉路②,十四年度交通部长叶恭绰于上呈总统之正式报告中,亦指出整个系统均陷于贪污之罪恶③。据平汉路局之资料显示,民国二十年十至十二月的三个月内,即有近四百人被停职或撤差,其中尤以总务处人数最众④。采办材料经手员司索取回扣之事也时有所闻⑤。各单位又多滥发因公用免票⑥。员役或因公乘车不守路章,越级乘坐;或乘车不购

---

①　《中国日报》,光绪三十三年正月初四日,页 6。

②　《政府公报》,第 1286 号(民国六年十二月六日),页 5;《政府公报》,第 1308 号(民国四年十二月二十九日),页 34—36。

③　Henry G. W. Woodhead ed. , *China Year Book 1925* (Tientsin: Tientsin Press, Ltd. , 1925), pp. 291-302.

④　停职及撤差人数统计见下表:

	停职	撤差
总务处	4	113
工务处	9	13
车务处	8	46
机务处	0	10
会计处	1	18
路警管理处	7	68
驻平办事处	0	89
郑州办事处	0	0

总务处编译课编,《平汉铁路管理委员会职员任免表》(民国二十年十月起至十二月止)(出版时地不详),页 1。

⑤　清末施肇基于平汉路总办任内时,曾有英商来售铁路器材,许以一成八之佣金,见:施肇基,《施肇基早年回忆录》(台北:传记文学出版社,1967 年),页 55。参阅:《京汉铁路管理局公报》,第 249 期(民国十六年十月下旬),页 5。

⑥　《京汉铁路管理局公报》,第 57 期(民国十一年六月下旬),页 30。据估计,各路因滥发免票所造成之损失,全年约在 2 千万元以上。参阅:《政府公报》,第 2341 号(民国十一年九月八日),页 2。

票,甚至私带戚友,擅自乘坐①。此外,员司上班又每多迟到早散②,凡此种种均有碍正常营运。

下级单位之纪律不良则为各站站长、售票员司对于经收站款每多任意延搁,逾期始解,挪用、侵蚀及不实不尽之处,更是层见叠出③。各小站附收赈款时,也往往浮收④。至于车站运货之种种陋规,也常令商旅无法负担。如北平之猪肉赖城外各乡镇供应,肉商需将牲口运至城内屠宰。若未向站长致酬,则运猪货车可于中途停滞数日,使牲口饮食断绝而死。且有将载猪之车故意前后撞击,使牲口相互挤压致有死伤者,肉商为避免意外损失,不得不从优纳贿⑤。据商民之抱怨,沿路各站自站长以下诸人,各公司每家每年馈送多至 2 千余元,少至千余元。每季馈送正站长多至二三十元,少至 10 余元,副站长多至 20 元,少至10 元或 10 串文,打旗、管车、吹笛诸人多至 3、5 元,少至 1 千或数百文不等。每节沿途各站共需送三四百元,一年三次计千余元。若不送此项规费,则必有种种刁难,于营业上损失甚大⑥。此外,铁路每逢军事之后,商货拥挤,车辆缺乏,路员即借端勒索规费⑦。如河南省临漳县所出产各物均赖火车运销平、津各埠及铁路沿线,商人除车价外,每 20吨车尚需付站长公费 20 元、要车费 3 元 5 角、挂车费 2 元,因有此各项

---

① 《京汉铁路管理局公报》,第 61 期(民国十一年八月上旬),页 7;第 63 期(民国十一年九月上旬),页 15。

② 《京汉铁路管理局公报》,第 46 期(民国十一年三月上旬),页 9;第 56 期(民国十一年六月中旬),页 11。

③ 《京汉铁路管理局公报》,第 68 期(民国十一年十月中旬),页 13;第 74 期(民国十一年十二月中旬),页 6。

④ 《京汉铁路管理局公报》,第 2 期(民国九年十二月二十日),页 9。

⑤ 施肇基,《施肇基早年回忆录》,页 54。

⑥ 《政府公报》,第 1308 号(民国四年十二月二十九日),页 38。

⑦ 《京汉铁路管理局公报》,第 174 期(民国十四年九月下旬),页 31。

事情,致使商人多有弃火车而改就船运者①。又如河北省磁县彭城镇共有磁窑二百数十座,其所产之粗磁若装一车运至保定或北平,如要车、挂车、浇油、行车,并到达地点甩车,所花小费不下百余元,否则不但要车困难,即甩车时亦不能到装货便利地点,至装妥后挂车时,若非得开车者之同意,依然不能挂走,且挂时之轻重,关系全车之安危,动辄猛力撞挂故意使磁货破碎;又货由客一人押车,若使车辆烧热,必在中途甩下,势需自行看车修理,即使完全带至送货地点,何时送入停车岔道亦有种种问题。加以运费奇重,捐税繁重,据估计瓷器在产地之价格,每一组碗(20个,约10斤)约值洋一角七八分,若由磁县运至北平,加上各种捐税,其价格较在本地增加二倍。因此磁商为避免烦琐苛扰,乃皆由滏阳河路装船运出,铁路营业遂致大受影响②。又如各种水产、林产商人受害尤甚,稍不满足站上车上员役之意,虽使腐败亦不装挂,甚至沿途在货包或货筐上任意践踏,或在中途捏故将车摘下,若一人押送二车,即失兼顾能力,其苦可知。甚至装运国煤,除收运费外,亦有所谓调车费、额外费、枕木费等名目公然见诸路局之正式布告,路局员司又索车皮费及运煤黑费,以作为拨车之酬报,这些黑费每年为数亦至足惊人③。

在票务方面,则常有售票人员与车上员役相互勾结作弊,故意缩短售票时间,致旅客不及购票直接登车补票,而车上员役不给收据,将票款吞没④。此外,平汉路贯通三省,各地所用币制不同,有些车站售票

---

①　铁道部全国铁路商运会议办事处编,《全国铁路商运会议汇刊》(南京:编者,民国二十年),页64—65。

②　《河北省工业试验所调查磁县彭城镇瓷业报告》,《河北工商月报》,第1卷第10期(民国十八年八月),页85;《全国铁路商运会议汇刊》,页63。

③　吴半农,《日煤倾销中之国煤问题》,《社会科学杂志》(北平),第3卷第4期(民国二十一年十二月),页523。

④　《京汉铁路管理局公报》,第68期(民国十一年十月中旬),页40。

人员遂乘机从中牟利。有非本省银元不用者,有专用站人洋元而不用造币厂之银元者,揩阻折勒,借便私图。并且,银元找零本有定章,但各站阳奉阴违,故意勒索,甚至乘客以铜元购票,竟以铜元十三四枚作银元一角,以致客商啧有烦言①。

平汉路局鉴于员役纪律不良,即于重要各站设立驻站调查员,以纠察在路员司有无舞弊违法等事②,并鼓励旅客检举不法情事③,但并未发生多大作用。

丙、营业方法失当

在建筑之初,平汉路建筑之稳固、管理之谨慎,颇受专家好评④,但是好景不长。民国元年,即已有人于撰文呼吁铁道收入应审慎使用时,指出平汉、北宁二路已成多年而无扩充,且路上之工程、车辆亦极缺乏,管理上更有每况愈下之势⑤。铁路营业之成绩,当凭收入与支出之比例为标准。据铁路专家之考察,营业支出占营业收入六成左右者,为不违营业健全之状态。现以民国六年各国铁路营业之成绩而言,美国铁

---

① 《交通官报》,第5期(宣统元年十一月十五日),页12—13;《京汉铁路管理局公报》,第2期(民国九年十二月二十日),页9。另一项资料则记载一实例:"光绪三十三年有友人二次由汉口晋京,第一次购票时用银元,卖票者洋言银元不真,压不发票,贿以二圆始获票。二次改用湖北纸币,卖票者又云纸币不足,尚少一张,友人与辩,卖票者怒而不顾,转售他票,友人因开车在即,补添一圆始得乘车。"陈中谐,《改良中国铁道利益丛谈》,《铁道》,第1卷第3期(民国元年十二月),社论,页71—84,亦可参阅:IMC, *Decennial Reports*, *1902-1911*, Vol. 1, pp. 359-360.

② 《京汉铁路管理局公报》,第5期(民国十年一月二十日),页10

③ 《京汉铁路管理局公报》,第92期(民国十二年六月中旬),页36。

④ IMC, *Tientsin Trade Report for the Year 1902*, p. 54.

⑤ 华南圭,《中国铁道改良述要》,《铁道》,第1卷第2期(民国元年十月),社论,页38。民国初立时,另一项资料也指出,平汉路自收回自营后,事故频出,且不负赔偿责任,但是由于陆路交通不便,故商旅只得忍痛利用铁道。参阅:日清汽船株式会社编,《汉口事情》(东京:编者,大正三年),页63。

路营业支出占收入 69％、德国为 70％，奥国为 76％，日本为 52％，中国为 47％，平汉路则仅为 37.4％，获利之丰似为世界之冠。其理由除设备折旧一项未列入运输成本，以及华北物博人稠、收入较厚外，尚有数项。如铁路运费率较欧美为高、铁路员工工资较欧美为低；此外用于扩充发展、添置车辆之经费过少，亦应为重要因素①。

　　平汉路营业失当最重要者即为组织不良。中国早期铁路兴筑由于外债因素，各路管理方式、财政出入、运价规定、材料购置、发展计划等，均不一致，造成各自为政的局面。清末盛宣怀曾有意推行铁路标准化②，但未见成效。平汉路和陇海路因债权关系而采比制。比国路线较少，而幅员尤狭，故其制度实不适用于中国。屡次有人提议改为分段制（departmental system）或分区制（divisional system）③。另一方面，比国铁道的管理组织本身即无善可称。据专家以为，其车务兼司行车和营业，已不如德、美优良，且其车务进款之检查，又由车务处办理，致财务处之会计稽核科，仅司账目之登记和稽核，而与进款检查不生直接关系，此种制度实不完美。购料分隶机、工二处，各自为政，尚不如中国其他各路。又如平汉路路线过长，在组织上实不宜采分处制（regional system）④，据汉猛德将军之调查，国有各路如作适当改

_____

　　①　参阅：表一；徐庆德，《国民对于铁路问题应有之研究》，《东方杂志》，第 17 卷第 9 期（民国九年五月），页 11—12；Margaret Mackprang Mackay, "China's Railways and the War Lords," *Asia*, 34 (Mar. 1934), p. 164.

　　②　"Sheng Hsuan Huai and His Railway Projects," *The Economist*, 123 (Oct. 28, 1911), p. 865.

　　③　洪瑞涛，《铁道管理与铁道统制》，收于：罗敦伟编，《中国统制经济论》（上海：新生命书局，民国二十五年），页 124—125。

　　④　麦健曾、朱祖英，《全国铁路管理制度》，收于：国立交通大学研究所北平分所编，《铁道问题研究集》（北平：编者印行，民国二十三年），第 1 册，页 401—402。

组,可节省经费 14 万元①。

由于营业方法失当所造成之损失,最明显者即为材料之浪费。平汉路对于材料之管理,每多散漫无稽。同一物品甲方不敷,乙方有余,而甲方无从知悉,至需用时又复另购,无形中虚靡路帑②。据民国十一年八月之统计,全路存料价值总额达 500 余万,但其中多为钢铁及不适用之各种材料,经常用品则十缺五六,极为浪费③。铁道部顾问门泰尔(Mantel)于民国十八年视察中国国有铁路后估计,国有各路每年用煤浪费达 23%,枕木浪费至 35% 以上(由于购买不适用之材料),合计营业用途约浪费 40%,致路轨、车身之设备大多腐坏不堪,影响运输业务至大④。以下试以用煤之浪费为例说明之。

据门氏之估计,由于工人缺乏技巧,又无适当控制,致使全国国有铁路所浪费之煤高达 215 万银元,而平汉路浪费之情形在国有铁路中算是严重⑤。表十四显示出,民国二十二年平汉路每列车公里消耗煤39.42 公斤,而全国国有铁路平均每列车公里仅耗煤 32.02 公斤。虽然平汉路每列车公里所需煤之费用低于全国平均数,但其主因乃是由于平汉路沿线产煤丰富,平均每吨煤价低廉所致。

---

① 《汉猛德将军视察中国国有铁路报告》,页 125。

② 《京汉铁路管理局公报》,第 46 期(民国十一年三月上旬),页 13—14。

③ 《京汉铁路管理局公报》,第 64 期(民国十一年九月中旬),页 31。

④ 门泰尔,《调查中国国有铁路总报告》,页 18—27、113,原书未见,转引自:陈晖,《中国铁路问题》,页 122。

⑤ Frederick Vincent de Fellner,*Communications in the Far East* (London: P. S. King & Son, Ltd., 1934), p. 119.

表十四：民国二十二年平汉路及全国国有铁路平均每列车公里

煤费用、煤数量及平均每吨煤价

	平汉	全国国有铁路
每列车公里煤费用(分)	19.01	24.11
每列车公里消耗数量(公斤)	39.42	32.03
平均每吨煤价(元)	4.82	7.53

资料来源：铁道部总务司统计课编，《民国二十二年份中华国有铁路统计总报告》(出版时地不详)，《统计说明》，页54。

又平汉路局于民国十年间呈请订购钢轨数高达1万1千条，曾被指为有浪费之嫌①。

此外，由于营业方法之失当而造成之损失，又可由运费率之高昂看出，在此以平汉路和陇海路作一比较。此二路商运情形极相类似，均以秦、晋、豫西、豫南等地所产货品为出口大宗，而其进口货物亦均运销此等地带。在平汉方面，系以郑州、汉口为起讫车站；在陇海方面，系以郑州、大浦为起讫车站。就此二方面路线而论，由郑至汉约514公里，由郑至大浦约540公里。论理由郑至汉方面运价应较由郑至大浦方面运价为低，但事实上却不然。以三等货物20吨整车而论，由郑至汉(由汉至郑亦同)每车运价622元2角，由郑至大浦(由大浦至郑亦同)每车运价284元，两相比较之下，平汉方面运价实较陇海方面高出330余元之多，贵至一倍以上。加以平汉运价又屡次增加，如民国十一年五月所刊运则汇览，仍按上述三等货物20吨整车标准计算，每车运价已加为357元，至十二年又加价一次，十四年又加价一次，十六年又加价二次，而陇海方面则从无此加价之事。以平汉、陇海两路商运情形相同，而运

----

①　《交通公报》，第188期(民国十二年四月十二日)，页2。

价相差若是,商人必然舍平汉而就陇海①。

车务方面,车务员司于服务期间所着制服多不完全,各站站台污秽狼藉,车厢亦不洁净,对于卫生设备诸多缺欠,旅客啧有烦言②。更重要的是各转辙器多不洁净,甚至有生锈者,以致行车往往发生危险③,如民国九年一年内行车事变即达 56 次④。每至事变发生,会勘结果,事务、机务、工务人员又互相推诿,不负责任⑤。

此外,平汉路在营运技术上又多不知改进。如民国元年左右,来往天津、上海之各家公司轮船计有 42 艘,所开次数,每月以三次来回,总计即有 126 次,较之平汉路之常车每日一次已多数倍,因此平汉路旅客行李多者,由天津至汉口均喜乘船,货物亦是如此,平汉路即受损失⑥。理论上,火车应较民船为快,但是在内战期间车辆缺乏,火车无法准时,并且负责上下货转运之转运公司也常导致耽搁⑦。相反地,民船虽慢,

---

① 铁道部全国铁路商运会议办事处编,《全国铁路商运会议汇刊》(南京:编者,民国二十年)。

② 《京汉铁路管理局公报》,第 5 期(民国十年一月二十日),页 7;第 6 期(民国十年一月三十日),页 7;第 41 期(民国十一年一月中旬),页 35;第 46 期(民国十一年三月上旬),页 12。

③ 《京汉铁路管理局公报》,第 5 期(民国十年一月二十日),页 52。

④ 《京汉铁路民国九年路政大事纪》,《京汉铁路管理局公报》,第 45 期(民国十一年二月下旬),页 18。

⑤ 《京汉铁路管理局公报》,第 46 期(民国十一年三月上旬),页 12。

⑥ 陈中谐,《改良中国铁道利益丛谈》,《铁道》,第 1 卷第 3 期(民国元年十二月,页 72。

⑦ 《京汉铁路管理局公报》,第 6 期(民国十年元月三十日),页 7。如郑州站的情形:"车不一定什么时候来,来了不一定可以买票,买了票不一定可以上车"、"每站必停,每停必久"。参阅:如志,《京汉车上》,《现代评论》,第 3 卷第 61 期(民国十五年二月六日),页 11—12。这篇文章对于在军阀控制下的平汉路有生动的描写。另可参阅:芝山老人,《四十年前往来大江南北》,《春秋》(台北),第 5 卷第 3 期(1966 年 9 月),页 33。

但货物易于装卸转运,往往反能较快运至目的地①。更有进者,平汉路和沪宁路以外的中国其他铁路相同,货运运输管理不善,被讥为"止有铁轨,而无管理法"②。非但未能设立机构推动农工业,以培养运输来源③,并且连搭客之行李货物均任意堆叠,听其损失。所有运货事宜,概由客商自理,途中如有毁坏、遗落等事,无论大宗、零件,路局向不负损失赔偿之责④。民国十年元月曾遵奉交通部令,实行运货负责办法,但成效不彰⑤。又如沿站停车,管理员役多有保护不力之事。强有力之壮丁竟敢直由车上搬运偷窃,即无力之妇孺亦时由车底窃取散碎货物,站员见之竟置不理⑥。货车遭窃遭劫更为常有之事。沿路虽有驻站押车之军警,但挑选不严,训练不勤,大多委靡不振,秩序亦欠整齐。往往车到站时仍相聚闲谈,不顾职务,枪支亦多有锈坏者。押车警队亦

---

①　Andrew Watson, tr. , *Transport in Transition*: *The Evolution of Traditional Shipping in China* (Ann Arbor; Center for Chinese Studies, The University of Michigan, 1972), p. 4.

②　杨荫杭,《商业补助机关之不备》,《商务官报》,第 11 期(光绪三十二年六月十五日),页 3 下。

③　中国铁路的组织与外国大部分相同,如分为车、工、机、会计、警务各处,其为他国所有而我国阙如者,仅有发展农工业之部门。参阅:梁矩章,《铁路发展农工业之方策及其组织》(北平:国立交通大学研究所北平分所,民国二十五年),页 106。

④　《平汉路载客及装运行李车马货物价章》第五章甲第四条:"途次如有毁坏、遗落等事物均与本路无涉,盖本路所收之费只系运费,途中看管一切应由寄货人自理。"京汉铁路车务处编,《京汉旅行指南》(北京:京汉铁路局,民国二年),页 177。

⑤　《京汉铁路民国十年份兴革纪要》,《京汉铁路管理局公报》,第 63 期(民国十一年八月下旬),页 32。

⑥　《交通官报》,第 7 期(宣统二年元月十五日),页 13—14、33。

虚存其名,甚至扶同作弊,携带私货及违禁物品①。

丁、冗员过多

交通为专门事业,与普通行政不同,因此不论其所任职务之大小,必注重其有无相当之学识与经验,至于升擢尤须视其劳绩与资格,不应有乘机幸进或无故斥黜者。据铁路专家之观察,我国铁路在通常合理之管理情形下,每公里平均员工应不超过 6 至 8 人,而事实上历年人数不断增加。民国五年各路员工平均每公里极少有超过 10 人者②,至民国二十二年已达 17.7 人,而平汉路平均员工人数则与全国国有铁路平均员工人数相近(表十五)。

表十五:民国二十二年平汉路与全国国有铁路平均每营业路线

公里及每十万列车公里员工人数比较表

	平汉	全国国有铁路
营业路线公里(1)	1,321.291	7,915.483
列车公里(2)	6,174.734	37,482.445
员工人数(3)	24,416	127,151
(3)/(1)	18.5	17.7
(3)/(2)	395	33.9

资料来源:铁道部总务司统计科编,《民国二十二年份中华国有铁路统计总报告》,页 125。

---

① 《交通官报》,第 5 期(宣统元年十一月十五日),页 13—14;《交通公报》,第 401 期(民国九年四月),命令,页 12;《京汉铁路管理局公报》,第 20 期(民国十年六月中旬),页 22;第 46 期(民国十一年三月上旬),页 14;第 53 期(民国十一年五月中旬),页 22;第 59 期(民国十一年七月中旬),页 13;第 61 期(民国十一年八月上旬),页 18;第 111 期(民国十二年十二月下旬),页 10;《交通公报》,第 779 期(民国十三年十二月二十七日),页 7—8;铁道部全国铁路商运会议办事处编,《全国铁路商运会议汇刊》,页 63。

② 邱光甫,《中国铁路及其发展的趋向》(香港:自由出版社,1950 年),页 56。

据门泰尔民国十八年视察全国国有铁路后估计,国有各路之冗员常达45%①,则平汉路之冗员亦即应有类似之比率。冗员之多,尚可由营业支出中总务费所占比例之大看出。以下先以平汉路营业用款分配情形与全国、美国、日本作一比较:

表十六:中美日三国与平汉路营业用款分配比率表

	平汉	中国	美国	日本
总务费	32.37	24.82	3.99	2.55
车务费	15.74	14.57	4.37	32.50
运务费	15.53	21.88	47.09	27.60
设备品维持费	21.36	19.84	24.77	9.90
工务维持费	16.05	18.52	19.78	18.45
车辆互用		0.37		
航务				2.55
其他				6.45
总计	100	100	100	100

资料来源:陈晖,《中国铁路问题》,页121。其中平汉路之数字系民国十六年之资料,中美日三国数字系十六至十八年平均数。

再以每列车公里营业用款数对平汉路与全国国有铁路作一比较:

表十七:民国二十二年平汉路与全国国有铁路平均每列车公里各项营业用款分配表

单位:元

	平汉	全国国有铁路
总务费	0.95	0.76

① 陈晖,《中国铁路问题》,页122。

(续)

	平汉	全国国有铁路
车务费	0.45	0.39
运务费	0.58	0.56
设备品维持费	0.59	0.59
工务维持费	0.77	0.53
总计	3.34	2.83

资料来源:《民国二十二年份中华国有铁路统计总报告》,《统计说明》,页 48。

由表十六、十七所列资料显示,中国各路之总务费大多较他项费用为高,与他国比较亦高。但计算方法不同亦为重要因素之一。我国总务费中依他国办法应列入他项费用,而不应由总务费下负担者,几达半数,此项用款在总务费下列为"特别费",用以表示与"管理费"有所区别①。如依此加以修正,则平均每列车公里管理费用平汉路为 0.49 元,占总营业支出 11.38%,全国国有铁路则为 0.36 元,占总营业支出 12.72%②。修正后之结果仍较他国为多。总务费之多,既然大多由于冗员过多之故,在此即先就现有史料对冗员之增多略作分析:

(1)各种政治、军事势力之干涉路政。清末交通界任用私人的情形即已非常普遍,例如唐绍仪在邮传部侍郎任内用了 400 人,其中血亲、姻亲或同宗,即占了 350 人。光绪三十二年(1906),唐绍仪荐施肇基为

---

① 据我国会计则例,特别费之主要部分为员工年终奖金、警务费与医药费等项,与铁路事务之管理关系不甚密切。若在其他多数国家,其奖励金乃列入薪工账中,警务费乃由国家及地方所负担,至于医药,则大多由铁路本身负责。详见:铁道部总务司统计科编,《民国二十二年份中华国有铁路统计总报告》,《统计说明》,页 37—38、50。另可参阅:张竞立,《我国铁路营业用款之概况及其整理之管见》,《交通杂志》,第 1 卷第 6 期(民国二十二年四月),页 78—82。

② 《民国二十二年份中华国有铁路统计总报告》,《统计说明》,页 48。

邮传部右参议兼京汉路总办。施虽曾留美（曾得康乃尔大学文学硕士学位），但对铁路或铁路管理一无所知，只因为唐为其姻长，才得此职位①。据当时外人的观察，平汉路自赎回自办后，"全路委员皆总办私亲，人人坐食，其结果则一事不举而已，且上行下效，如响斯应"②。民国三年，肃政使纠弹平汉路的参案爆发，调查结果显示，全路所用执事人员多系铁路学堂出身，均习法文，局长关赓麟（与叶恭绰同年进学）巧立名目，安插各界闲人，引用私人，不知约束，经查核路局民国三年职员表，则总务处无资格者 27 人，车务处无资格者 304 人（内有站长 70 余人），机务处无资格者 38 人，工务处无资格者 5 人，全案后经平政院判决，关赓麟乃被解职③。至于各军阀，在和平时期则视铁路为私产，掠夺其管理权，滥设管理机关，私自派毫无铁路经验学识之军人充任局长、处长，以助其收刮路费，以致重要首长常随政治势力之转移而更迭频繁④。如吴佩孚为提取路款之便利，民国十一年增设一汉口办事处，而以其心腹冯沄为处长⑤。初设时，处内办事人员不过十五六人，经费至多不逾 2 万余元，但两三年后，员司竟增至 37 人，常年经费亦增至 5 万 5 千

---

① George Ernest Morrison's letter to Valentine Chirol, 14 May 1907, in Lo Hui-min, ed., *The Correspondence of G. E. Morrison*, Vol. 1, 1895-1912 （Cambridge：Cambridge University Press, 1976）, p. 408.

② 洛史著，朱维译，《中国社会之研究》，《东方杂志》，第 10 卷第 2 期（民国二年八月），页 32。

③ 《政府公报》，第 1286 号（民国四年十二月六日），页 5；《政府公报》，第 1308 号（民国四年十二月二十九日），页 30—31；《政府公报》，第 19 号（洪宪元年元月二十四日），页 4。

④ 石川顺，《支那の铁道》（东京：铁道生活社，昭和三年），页 319。这种情形即使是在交通部内也是如此。民国十一年六月政府改组，交通总长叶恭绰去职，继之者为高恩洪。高到部后，检阅部员录，凡隶粤籍全者部免职。参阅：凌鸿勋，《凌鸿勋自订年谱》（台北：中国交通建设学会，1973 年），页 27。

⑤ 《京汉铁路管理局公报》，第 58 期（民国十一年七月上旬），页 32。

余元。交通部以该处所办事务较前并未若何纷繁,而员额经费已超过一倍有余,故于十三年十二月下令裁处设所[①],但受到各方牵制而未能实行[②]。冯沄屹立不摇,甚至更升为路局副局长兼领汉口办事处处长[③]。

更有进者,每一局长之更易,即增添若干新人[④]。而各部门之中下级员司,亦以主管者监督不严,任意增用,故冗员积年递增,如安福系的丁士源在平汉、平绥局长任内,增加员司共增至 1,200 余人,每年耗费薪金达 57 万 4 千元之巨[⑤]。据铁道部顾问汉猛德之估计,平汉路员工增加之比率,与总收入增加之比率,以民国二十三年与民国九年相较,超出几达二倍[⑥]。此外,由于大家均视铁路为富裕机构,因此,许多无谓之机关均赖铁路养活,亦增加路局负担[⑦]。

路警数目之过多尤为明显。民国十二年时,全国所雇用路警竟较实际操作铁路者为多[⑧]。或谓人数之增加乃是由于社会秩序不安之故,但自民国二十年后国内治安已有显著之进步,而路警人数却仍继

---

① 《京汉铁路管理局公报》,第 148 期(民国十四年一月上旬),页 13。

② 《京汉铁路管理局公报》,第 190 期(民国十五年三月上旬),页 39。

③ 《京汉铁路管理局公报》,第 214 期(民国十五年十一月上旬),页 1。

④ Margaret Mackprang Mackay,"China's Railways and the the War Lords,"p. 166.

⑤ 《京汉铁路管理局公报》,第 4 期(民国元年十月十五日),页 15;西塘野史,《安福部》,下编,页 28。

⑥ 《汉猛德将军视察中国国有铁路报告》,页 71—76。

⑦ 同前书,页 120;邱光甫,《中国铁路及其发展的趋向》,页 56。有些西方国家的铁路则基于国家的雇用政策,必须雇用许多不必要的工人。参阅 A. R. Prest, *Transport Economics in Developing Countries* (N. Y.: Frederick A. Praeger, 1969), p. 57.

⑧ "Employees on China's Railways," *Far Eastern Review*, 16 (1920), p. 121. 转引自:Wayne Altree,"A Half-Century of the Administration of the State Railways of China," *Papers on China*, 3 (1949),p. 115.

续增加①。至抗战爆发前,平汉路全路若将延长线列入计算,共有路警4,800余名,每年经费高达160余万元②,实为相当大之负担。

平汉路的冗员既多,平均工资又较他路为高③,因此更使得营运成本增加。

(2)组织不良。组织不良所造成之冗员,其损失最为巨大。组织不良表现于铁道部与政府其他部门的缺乏联络、各路局之各自为政等方面。据汉猛德将军的改革方案,可以直接节省之经费数目如下④:

减少路线上之职员	1,125,000元
燃料及机油消费之减少	1,000,000元
改组	10,000,000元

由此可见,组织不良对营运影响之大。而平汉路与国内他路相较,又较为严重,如铁路工人工队之组织,由于每队人数过少(7人),工队数过多,而使总佣用人数增多。据汉氏估计,若全国每公里所需工人由2.16人减至1.5人,则每年可节省费用112万元以上⑤。

由本章的分析,我们似可发现中国近代经济发展之成败,几可由平汉路一企业的历史看出,其成败兴衰也足以反映中国近代化之历程。平汉路于北伐前的营运一直维持良好状况,在全国国有铁路中,盈余之

---

①　《汉猛德将军视察中国国有铁路报告》,页115。

②　铁道运输局,《支那之铁道》(出版地点不详,昭和十二年),页123;马场锹太郎,《支那铁道警察制度的现状》,《支那》,第25卷第10号(昭和九年十月),页181。

③　Ralph W. Huenemann, *The Dragon and the Iron Horse*: *The Economics of Railroads in China*, 1876-1937 (Cambridge, Mass.: Harvard University Press, 1984), p. 207.

④　《汉猛德将军视察中国国有铁路报告》,页125。

⑤　《汉猛德将军视察中国国有铁路报告》,页10。

多仅次于北宁路而位居第二。其所以能够维持相当程度之成功,乃是由于路线所经区域物富人稠①,煤产丰富价廉②,加之又与其他运输工具无严重竞争之故。平汉路虽然提供了明显的较为经济而迅速之服务,但是由于内部经营不善及连年之动荡不安,致使在运输费用上并无重大的突破,这可由仍有相当数量之货物经由水运到达通商口岸之事实看出。

虽然如此,平汉路在管理上所遭遇到的困难也并非为它所独有。如美国在发展铁路之初,贪污舞弊之事件时有所闻,任用私人(铁路公司的股东、金融巨子或政界要人命令铁路的行政主管安插与他们有关者)也并未受到严格控制③,交通事故更是频繁不断④。至于员工由于缺乏工作诱因(incentive)而效率低落,则直至目前仍是各国公营事业面临之难题。更有进者,平汉路的经营以现代西方的标准视之,自属落后,但在长期的动乱中它毕竟支撑了下去,所提供的服务也未曾中断;

---

① 平汉路所行路线,在河北境内大抵依旧有之官马大道,黄河以南,则约有二道可循。一由信阳越武胜关至汉口,一由襄阳沿汉水至汉口。此二路线清政府曾先派德、英二国工程师各勘查一次,均认为取道襄阳绕道远,需多耗造路、养路费用,且商利较小;加以由汉口至襄阳间常患水灾,不如取道信阳有利。后因此款借定,清廷复令比国工程师再勘大略,最后决定取道信阳。参阅:倚剑生编,《中外大事汇记》,光绪二十四年,《工艺汇》,页 1 上—2 上;IMC, *Hankow Trade Report for the Year 1897*, p. 125.

② 据民国二十二年之统计,平汉路用煤,平均每吨价格为 4. 82 元,而全国国有铁路每吨平均价格则为 7. 53 元。参阅:铁道部总务司统计科编,《民国二十二年份中华国有铁路统计总报告》,《统计说明》,页 54。另一方面,煤在平汉路货运中所占比例颇高,亦为影响营运收入之正面因素。参阅:Huenemann, *The Dragon and the Iron Horse*, p. 192.

③ Thomas C. Cochran, *Railroad Leaders*, 1845-1890: *The Business Mind in Action* (Cambridge, Mass. : Harvard University Press, 1953), p. 90.

④ John F. Stover, *Iron Road to the West*: *American Railroads in the* 1850s (N. Y. : Columbia University Press, 1978), p. 210.

自国民政府统一全国后,除致力于重建工作外,业务亦有逐渐改良之倾向及实际行动——如军事附加捐之废止,运费之调整,货物专价、特价制度之订立,联络运输之整备,负责运输之实施(铁道部所设之六大联运站中有四站位于平汉路沿线)及铁路从业人员之训练等。与北洋时期铁道腐败情况相对照之下,国民政府于抗战前对铁路所作努力实不容忽视①。整理旧路的结果,使得在北洋时期遭受破坏最大的平汉路获益最多②,其营业进款于全路统一后亦因而有显著的增加(见表一)。但是长久以来所拥有的弊病,如组织不良、冗员过多、会计未能独立、沿线各种捐税过多等,仍无法有效地改进。就此而论,平汉路的发展经验实足以显示中国现代化过程中理性化(企业的组织经由科学的管理原则和简化的手续取得较大的效率)与专业化兴起的过程及其所面临的困难。

---

① 天野元之助,《支那農業経済論》,第 2 册(东京:改造社,昭和十七年),页454;石西民,《最近中国铁道的整理问题》,页 276—281。国民政府时期在交通和运输上的显著进步,即使是对国民政府最为苛责的学者也都承认。参阅:Douglas S. Paauw,"The Kuomintang and Economic Stagnation, 1928-1937," Journal of Asian Studies,16 (1956-1957),pp. 213-214.

② 例如河北高阳所产棉布,原多以大车运至北平,以火车装运者较少。但是自国民政府改进铁路运输业务以来,尤其是民国十九年开始实行负责运输,加之沿途苛捐杂税的废止,使得高阳布输平多经由铁路。如民国十八、十九二年自保定以火车运北平的布匹各为 8 万 3 千余公斤,二十年一跃而为 27 万 2 千余公斤,二十一年更增至 46 万 2 千余公斤。参阅:吴知,《乡村织布业的一个研究》(上海:商务印书馆,民国二十五年),页 245—246。

第三章　平汉路与华北商业的发展

　　晚近经济史学家多认为运输的不便是限制中国内部长程贸易的一项主要因素。据柏金斯(Dwight H. Perkins)的研究,中国的长程贸易在近一千年期间内无甚改变,其绝对数量的增加多少是随着人口的增加而增加,直至二十世纪,现代的工业和运输才改变了这种状况。至1920年代时,省际贸易在实质上已较十九世纪末期超过了三倍①。海关官员在检视1902—1911年十年间中国对外贸易情形时,也曾指出铁路的开通为此时期对外贸易增长的重要因素:

　　　　1911年对外贸易总值几为1901年之二倍……进步最为迅速是在此时期的最后几年……其主要三个因素为铁路的广泛兴筑、日俄战后东三省的开放,与日本在商业地位上之日趋重要②。

---

　　①　Dwight H. Perkins, *Agricultural Development in China*, *1368-1968* (Chicago: Aldine Publishing Co., 1969), p. 124.

　　②　IMC, *Decennial Reports*, *1922-1931*, p. 155.

　　与华北相较之下,华南的水运颇为发达,长程贸易量较大。据估计,光绪初年时全国每年所征洋税和厘金共二三千万两,其中华南约占十分之九,而华北仅居十分之一①。因此,铁路对华北商业发展的贡献即较华南为大。平汉铁路所通往的通商口岸为天津和汉口,天津所牵涉的铁路过多,而汉口则仅有平汉路,故由汉口的贸易量变动情形,似较可看出铁路与贸易成长之间的相关程度。例如,汉口的海关官员几将二十世纪前十年的贸易成长完全归诸于平汉铁路:

　　　　1910年汉口输出总值为8,308万两(直接出洋1,475万两,转运他港6,833万两),此港输出贸易之快速成长可与1900年相较(3,211万两)。京汉铁路实为此增加的重大因素——它打开了新的产地,以较低廉的价格运至此地,尤其是货物的状况良好(由于不必受天气之限制,并且运输速度较快)②。

铁路对商业的重要性尚可由一旦铁路中断商业所受损失看出。据一项资料显示,河南一省平时每年输出物产约在1亿元以上,但1924年奉直交战时,道路阻塞,物产十之有九不能运出,金融因而枯竭,百业因而凋零,损失在5千万元以上③。

　　虽然如此,我们仍然无法在数字上对平汉路在华北经济发展上所居地位作一精确的评估,因此尚需由其他描述性史料中探究。本章即拟由商人的活动、都市化、市场结构、新观念的散布等角度观察铁路的影响。

---

　　①　《李文忠公全书》,奏稿,卷39,页20。参阅:Perkins,op. cit,p,122.

　　②　IMC,*Annual Reports and Returns of Trade*,1910, Hankow,p. 289.

　　③　吴应图,《维持交通方法如何》,《上海总商会月报》,第5卷第3期(民国十四年三月),页14。

第一节　长程贸易商的广泛出现

在铁路开通前,华北的商业活动除了集中于乡村附近市镇的贸易外,长程贸易多操于少数由于特殊因素而兴起的商帮①。例如,河南业商者,主要以温、孟、济源、武陟、沁阳等县为多,即所谓的怀商,足迹除了遍及省内市镇外,且能发展至他省;其次则是武安商人,大多运售绸缎,本省之外,甚至远至东北;再其次则是汜水、巩县的商人,汜水麻商在开封者甚多,南阳、镇平的绸商能自运销售于汉口、长沙、上海各埠,东北、直隶亦其足迹所及之地②。

铁路的开通,一方面便利了乡民从事贸易;另一方面,所输入西方的重商观念又冲淡了传统的重农思想,因此从事长程贸易的商人遂广泛地出现于华北地区。如河南铁路沿线的郑县、郾城、新乡等处③。如西平,居民原以农户为最多,工商次之,而出外经商者极少。自平汉路完成后,交通便利,于是间有以土产如芝麻、小麦、黄豆及猪类、竹木类运至汉口或漯河出售者④。另如河南北部的滑县,自铁路通车后,更有人从事长距离的贸易:

> 商人多系坐贾,不过随时贸易,就地负贩,向无重利轻别之弊。
> 自交通便利,始有懋迁有无,远至京津沪汉者⑤。

---

　①　这些商人集团兴起的一般因素,可参阅:Peng Chang,"The Distribution and Relative Strength of the Provincial Merchant Groups in China,1842-1911," Ph. D. diss. ,University of Washington,1957.

　②　白眉初,《河南省志》(北京:北京师范大学史地系,民国十四年),页140。

　③　白眉初,《河南省志》(北京:北京师范大学史地系,民国十四年),页140。

　④　陈铭鉴纂修,《西平县志》,民国二十二年,卷36,页6下。

　⑤　王蒲园等纂,《重修滑县志》,民国二十一年,卷7,页2上。

因此河南人"滑县人爱玩钱"的谚语①,即是由于该县人多外出经商之故。

此外,日本东亚同文会于宣统年间在华北所作实地调查也显示出,河南商人本墨守成规,至铁路开通后,商业活跃,商人与来自福建、广东、山西的商人竞争,在各地已渐占重要地位②。由调查报告中对河南、河北两省大商人所做籍贯分析即可看出这种转变(见表十八)。

表十八:河北、河南二省大商人籍贯分析表

河南

省别	百分率
河南	35％
山西、陕西	25％
河北、山东	10％
江西、湖广	10％
两广、闽浙	10％
其他	10％
总计	100％

河北(尤其是平汉沿线)

省别	百分率
河北	50％
山西	25％
山东、河南	10％
两广、闽浙、湖广	10％
其他	5％
总计	100％

资料来源:东亚同文会,《京汉线调查报告书》(出版时地不详,手抄复写本),第2卷,第7编,页86—87。

---

① 朱介凡,《河南谚语释说》,《中原文献》,第3卷第1期(1971年1月),页11。
② 东亚同文会,《京汉线调查报告书》(出版时地不详,手抄复写本),第2卷第7编,页86。

该项调查报告亦曾指出,平汉沿线地区在铁路未成之前,粮行、皮行全操于山西、广东人之手,铁路通车后,湖北人即增多[1]。他如河南禹州、许州二地,有许多人开始贩运杂货、土果至汉口从事贸易,汉口的钧许公所即为禹、许二地杂货、土果业者于 1909 年所成立的公会组织[2]。甚至河北、河南商人有远至关外者,如沈阳一地由于民性贱商,从事商业活动者甚少,而山西帮、直隶帮、山东帮、河南帮、三江各帮则由各地纷至,反客为主[3]。

平汉铁路完成后,在各地广泛兴起的这些长程贸易商人,或能普遍地活跃于各地,但是在通商口岸或大城市,他们仍然无法与那些已有悠久历史、根深蒂固的大商人集团相抗。例如汉口的大商人仍以宁波、广东籍者为主,湖北人多只从事小规模的商业。[4] 又如清末民初汉口商会的历届正副会董,也从未见有河北、河南人担任者[5]。至于河南的重要贸易,则仍多操于山西、河北、广东、浙江各省和外国商人之手,例如郑州市场即多汉口、天津人。

第二节　华北商业发展概况

平汉铁路开通后,华北(尤其是铁路沿线地区)的商业发生相当大

---

① 东亚同文会,《京汉线调查报告书》(出版时地不详,手抄复写本),第 3 卷第 1 编,页 3。

② 侯祖畲修,吴寅东纂,《夏口县志》,民国九年,建置志,页 32 上。

③ 赵令恭修,曾有翼纂,《沈阳县志》,民国六年,卷 7,页 2 上。

④ 水野幸吉,《汉口——中央支那事情》(东京:富山房,明治四十年),页 12。

⑤ 《夏口县志》,卷 5,页 22 上;William T. Rowe, *Hankow: Commerce and Society in a Chinese City, 1796-1889* (Stanford: Stanford University Press, 1984), pp. 229-232. 据统计,由光绪末至民国七年之间,汉口商务总会历届正副会长共 87 人中,原籍湖北者 32 人,浙江 21 人,安徽 17 人,广东 7 人,山西 4 人,江西 3 人,湖南、江苏、四川各 1 人。参阅:何炳棣,《中国会馆史论》(台北:学生书局,1966 年),页 108。

的变化。一方面,许多地区由于交通的改善,促成运输路线的改变,在商业上也因此而有不同的发展;另一方面,由于人口的积聚而使得都市化的程度增加。本节即试图从此二方面探讨平汉铁路对华北商业的影响。

(一)运输路线与商业势力范围的改变

河南东部在未有铁路之前,输出贸易多集中于郾城、周家口,经沙河输出镇江;平汉铁路通车后,则改由周家口至漯河由铁路输往汉口①。如平汉线上的明港,出产以黄豆为大宗,东与新息、正阳等县相连,未有铁路前,所产货物经由水道运往镇江、上海等处;铁路通车后,则十之八九改为车运②。

在平汉铁路开通前,周家口为河南省第一大市场,地处淮水支流颍水与贾鲁河之会口,为光绪年间方才取代朱仙镇而兴起的城市。朱仙镇位于贾鲁河上游,北距开封仅45里。清中叶以前,朱仙镇与广东的佛山镇、江西的景德镇及湖北的汉口共称为四大镇。由朱仙镇泛舟贾鲁河,顺流入颍,可自颍入淮,由淮河通大运河,故为水陆会集之所,南舟北车,由此分歧。光绪年间贾鲁河日渐淤塞,商业乃渐移于周家口③。清初周家口原在沙河南岸,仅有子午街一道,居民数家;至光绪年间,人烟丛杂,街道纵横,延及淮宁境,接连永宁集周围十余里,三面

---

① IMC, *Annual Reports & Returns of Trade*, 1905, *Chinchiang*, p. 144. 东亚同文会,《京汉线调查报告书》,第2卷第5编,页51;益子逞辅,《中部支那》(台北:日日新报社,大正二年),页7。

② 《交通官报》,第22期(宣统二年八月三十日),页11。

③ 戚震瀛,《开封名胜古迹志》,《地学杂志》,第9年第十一期(民国七年十一月),页9;张其昀,《中国区域志》(台北:中华文化出版事业委员会,1958年),页80。

夹河，为著名的三子城(triple city)①。沿河的两岸延伸数英里，为汝水
及其支流民船贸易的中心。方圆百英里内外的货物均运至此出售，同
时亦为河南东部洋货、南货的分散地，及土货输出的集中地②，与郾城
(漯河)同属上海的商业势力范围③。汉口的海关官员曾预料平汉路通
车后，郾城将牺牲周家口而兴盛④。但是事实却证明，郾城、漯河与周
家口同时繁荣⑤。平汉铁路通车后，周家口的货物经由颍水支流沙河
至平汉路上的郾城运至汉口，转而成为汉口的商业势围⑥。民国初年，
周家口的人口已达 20 万，为河南第二大都会，仅次于开封⑦。其手工
业至抗战前仍为河南最重要的区域，种类不下六十余种⑧。而漯河在
平汉路完工前，以通周家口，已号殷盛，自铁路开通后，"舟车之所辐辏，
商贾于此萃焉，视昔且倍蓰过之"，而成为一都会⑨。

------

　　①　徐家璘、宋景平等修，杨凌阁纂，《商水县志》，民国七年，卷 5，页 6 上；Sen-dou Chang, "The Morphology of Walled Capitals," in G. William Skinner, ed. , *The City in Late Imperial China* (Stanford : Stanford Univ. Pr. ,1977),pp. 82,93.

　　②　IMC,*Annual Reports and Returns of Trade*,1903, Hankow,p. 249.

　　③　东亚同文会，《京汉线调查报告书》，第 3 卷第 1 编，页 5。

　　④　IMC,*Annual Reports and Returns of Trade*,1903, Hankow,p. 246.

　　⑤　东亚同文会，《京汉线调查报告书》，第 2 卷第 7 编，页 36。另一项资料则指出，周家口自京汉路通车后，由于颍河也渐淤塞，以致有一落千丈之势。参阅：武同举，《淮系年表全编》，第 4 册，页 31。Odoric Y. K. Wou, "Development, Underdevelopment and Degeneration: The Introduction of Rail Transportation into Honan,"*Asian Profile*, 12:3 (June 1984).

　　⑥　东亚同文会，《京汉线调查报告书》，第 3 卷第 1 编，页 5。

　　⑦　张其昀，《中国区域志》，页 80。据日人的调查，周家口于清末时即已有二十五六万人口。参阅：东亚同文会，《京汉线调查报告书》，第 2 卷第 7 编，页 40。

　　⑧　《周家口特种工业调查》，《国际贸易导报》，第 7 卷第 6 期(民国二十四年六月)，页 182。

　　⑨　陈全台纂辑，《郾城县记》，民国二十三年，卷 4，页 18 上。另一项资料指出，漯河于京汉路通车后，成为周围五十多个县市的商业集散市场。参阅：武斯作，《中原城市史略》(武汉：湖北人民出版社，1980 年)，页 146。

至于河南西部,在未有铁路之前,凡秦晋燕赵所产货物,多先集中于唐河上游的赊旗镇,再溯唐河、汉江至汉口,而滇黔湖川北运货物亦多取道于此。乾隆、嘉庆时号为繁富,清廷在此置巡检司设营泛。咸丰军兴,榷关其市,岁税常巨万,尤多来自山西、陕西之盐、茶大贾。行栈林立,蔚为巨镇①。自平汉铁路开通后,唐河贸易即渐为其所夺②。河南运往汉口的货物,出于伏牛山以东者由火车运,以西者由唐河船运;前者多为谷类,后者多为牛羊皮、牛骨③。由于唐河渐涸,失水运之利,赊旗镇乃告衰落,商贾日稀,其旧有之繁荣也"急转直下"④。又如河南南部的长台关,为信阳县著名大镇,在平汉路未通时,是南北交通孔道,舟车辐辏,商业繁盛,经商多晋人,淮盐行销也最广,至铁路通后,经其西侧,芦盐南销,淮盐被阻,市况日落⑤。

此外,位于唐、白河及汉水汇合处的樊城,在平汉铁路完成之前,鄂北、豫南、陕南的货物多聚于此;自铁路通车后,在交通上的地位亦不复如以前之重要⑥。

---

① 潘守廉修,张嘉谋纂,《南阳县志》,光绪三十年,卷2,页41上和卷3,页22下;东亚同文会,《京汉线调查报告书》,第2卷第5编,页51;张其昀,《中国区域志》,页290;白眉初,《河南省志》,页101。

② 致远,《汉水流域各商场之概况》,《中华实业界》,第2卷第3期(民国四年三月),页28。

③ 东亚同文会,《京汉线调查报告书》,第3卷第1编,页4。Cf. Ts'ui-Jung Liu, "Notes on the Grain Trade in the Han River Area during the Nineteenth Century," *Proceedings of the National Science Council*, *Republic of China* (Taipei), 1:11 (Oct. 1977), p. 160.

④ 潘守廉,《南阳府南阳县户口土地物产畜牧表图说》,光绪三十年,页65;东亚同文会,《支那省别全志》,第8卷,大正七年,页128。

⑤ 武同举,《淮系年表全编》,《水道编》,页6。平汉路对于盐运的影响,详见:何汉威,《京汉铁路初期史略》,第10章第3节。

⑥ 湖北省政府秘书处统计室编,《湖北省年鉴》,第一回(出版地点不详,民国二十六年),页340—341。

（二）商业发展与都市化

如上所述，虽然有些城镇由于铁路通车后运输路线的改变而衰落，但是就长期的观点来看，则毫无疑问，铁路带来的是日益繁荣的景象。铁路沿线兴起了无数的城镇，由于因应铁路的需要而产生的各种服务业也增加了许多就业机会；行业种类的增多更为乡民社会添上了不少生动的色彩。至于铁路沿线原有的大城市则因商业的兴盛而吸引了各地的乡民，造成都市人口的日渐增加。如据清末汉口商会的报告，汉口自京汉路通后，"士商云集，居户增添，市铺林立。先之由上海乘轮者，大半改就铁轨，可免风涛冰冻之阻"。市区北郊由于铁路的修建而逐渐发达，成为新的计划市区，市区的面积也由仅有 11.2 平方里（约 2.8 平方公里）大为扩大①。

周家口原为河南工业萃集之区，自平汉、陇海交会于郑州后，郑州便一跃而为全省最大的工业中心②。郑州是由于铁路的修建而扩展起来的旧城市。旧城区与一般传统的县城相同，呈长方形，东西长而南北短，中间为十字路通至外城门，县衙门在城北部。铁路未修建前，一直保持明代以来的基本形状，城市面积 2.23 平方公里，交通不甚方便，只通大车，没有现代工业，商业也不发达，只是个普通的小城市③。清末时只有土店 11 家，在西南关一带④。京汉路通车后，站场设在城西，陇

①　汉口商会，《汉口商务情形》，《商务官报》，第 6 期（光绪三十三年三月十五日），页 17。参阅：张魁鹏，《京汉铁路旅行记》，《地学杂志》，第 1 年第 2 期（民国三年四月）。李国祁，《由上海、汉口与青岛三都市的形成与发展论近代我国通商口岸的都市化作用》，《台湾师范大学历史学报》，第 10 期（1982 年 6 月），页 19。

②　龚骏，《中国新工业发展史大纲》（上海：商务印书馆，民国二十二年），页 95。

③　《中国城市建设发展史》，页 188。

④　《郑县采风记》，收于：胡朴安编，《中华全国风俗志》，下篇，卷 2，页 53。

海路的前身汴洛路又经过郑州,在城西交轨,因此郑州便成为中国两大铁路干线的枢纽,也是中原地区农产品集散转运及工业品转运的中心①。宣统年间,车站附近即已有客栈十余家,货栈大转运 8 家、小转运 2 家②。至民国十年左右,新式栈房更增至数十家之多,各栈之东夥厨役及其家属衣食于此者,约有 1,500 人③。由于工商业的发展,郑州人口也大为增加。最初增加的是大量的铁路工人,居住于车站与旧城之间的铁路沿线。于是,在车站与旧城西门外之间迅速地形成新市区,范围扩充至 5.23 平方公里,贸易以棉花为大宗,粮食、牛皮、枣子、柿霜等次之,而旧城则大致保持原来的面貌④。据民国五年郑州警察厅的调查,城内人口仅有 3,300 人,而城外人口则约有 10,000 人⑤,可见商业发展之一斑。并且,郑州之繁荣有日新月异之势,颇为当时的外国旅客所瞩目⑥。与郑州同为两条铁路交会点的石家庄,也是由于铁路的修建而迅速发展的城市。在铁路兴建前,石家庄本是只有三四十户农家的小村庄,光绪二十六年京汉路修筑至此,设一小站,二十九年正太路建成,石家庄遂成为两路交汇点,并设有二个车站,运输业即开始蓬勃发展。正太路建成后,工厂逐渐增加,随之商业、手工业也日益发达,宣统年时,面积已达 1.5 平方公里,人口约一万,房屋沿铁路两旁及原村址向南发展。民国十五年时,已有商行二百余家,每年进出货物总值

① 《中国城市建设发展史》,页 188。

② 《交通官报》,第 22 期(宣统二年八月三十日),页 34。

③ 《郑县采风记》,页 53。

④ 张其昀,《中国区域志》,页 80。《中国城市建设发展史》,页 188。

⑤ 东亚同文会,《支那省别全志》,第 8 卷,页 47。但据另一项资料记载,民国五年郑县人口则有 21 万 5 千余人,参阅:周秉彝修,刘瑞璘等纂,《郑县志》,民国二十年重印,卷 4,页 5 下。

⑥ Emil S. Fischer, *Travels in China*, 1894-1940 (Tientsin; The Tientsin Press, Ltd. ,1941), p. 160.

约达 5 千万元,人口有 4 万人,至二十六年时,更增至 6 万人①。至于
铁路沿线的其他城市,商业也都有所发展,如许昌在清代以前,工商业
十分落后,平汉路通车后,大为兴盛,周围四十多县的商品供销在此中
转,一度为闻名国内外的烟叶市场,外地的丝绸、药材也来此畅销②。
又如由于铁路与传统水运配合而得繁荣的西平:

> 自京汉路告成……于是本色土产如脂麻、黄豆、小麦及牛羊皮
> 等类多为外来客商所争购,而洪河舟楫东通汝蔡,亦为懋迁有无之
> 一助,故近四十年来西平商业大有蒸蒸日上之势③。

河南南部的确山,自平汉路行驶,交通便利,富商大贾云集城关,懋迁有
无,商业颇为发达。每年计输出麦数十万石、黄豆 10 万石、芝麻 5 万余
石;鸡蛋经蛋厂收买输出,尤为大宗,商埠设于驻马店④。驻马店站南
一带至李家寨、东篁店等处,山势崎岖,道路险阻,原为盗贼出没之区,
往来行旅极稀。自平汉铁路通车后,"遂一变而为往来要冲,客商纷沓,
货物麇集,凡东西各州县杂粮皆捆载而来,转运无虚日"⑤。乘坐火车
南北来往的旅客均需在此过夜,民国成立前后即已有客栈二十余家⑥。
1903 年汉口海关官员即曾对驻马店在铁路通车后的繁荣景象有如下
生动的描述:

───────────

①　"Three Towns on the Peking-Hankow Railway," *Chinese Economic Journal*, 1:6 (June 1927), pp. 557-558. 马札亚尔著,徐公达译,《中国经济大纲》,页 386。《中国城市建设发展史》,页 188。
②　武斯作,《中原城市史略》,页 140。另可参阅:王秀文等修,张庭馥等纂,《许昌县志》,民国十二年,卷 4,页 46。
③　陈铭鉴纂修,《西平县志》,民国二十三年,卷 36,页 10 上。参阅:《京汉铁路管理局公报》,第 52 期(民国十一年五月上旬),页 29。
④　张缙璜修,李景堂纂,《确山县志》,民国二十年,卷 13,页 4 下。
⑤　京汉铁路车务处编,《京汉旅行指南》,页 127。
⑥　京汉铁路车务处编,《京汉旅行指南》,页 127。

客栈、食堂都像雨后春笋般迅速出现。在一年前,农人日常耕作时还不会有声音打扰,可是现在那里却充满了机车转辙的笛声、钟头的敲打声,以及旅客和旅馆伙计的喧哗声①。

此外如平汉线南段要站信阳,原本物产丰富,但是由于交通不便,商业并非兴盛;铁路开通后,地面即日渐繁荣②。

第三节 运销结构的转变:以棉花市场为例

铁路的开通以及通商口岸的发展,促使农产品的运销结构转变。本节即试以棉花市场为例,说明作物在农村收获后,经由何种过程在终点市场出售。

华北各县区植棉最初原为自用,棉花收获完毕,恰在阴历9、10月以后,此时农事已闲,乡间妇女即开始从事于棉纱、棉布的制造。制成的棉布除去自用者外,如有剩余,即在市场出售。这种土布经商人收买后,运至其他不产棉的地区销售。在这种市场结构下,适宜棉产的县区,由于棉产比较发达,以织布为生的妇女自然较多。植棉与织布互相刺激,棉花与棉布的产量相伴增加,于是有特定的地点为交易中心,如定县的清风店、内丘县的官庄,均为此种市场之例。在这种市场从事交易的分子,一方为卖棉的棉农,一方为收买布匹的商人,中间则为买棉卖布的织户。商人收买布匹后,即运至他省如山西、绥远销售。故当时出口以棉花制品之棉布为大宗,棉花之出口则甚少③。

① IMC,*Annual Reports and Returns of Trade*,1903, Hankow,p. 245.
② 东亚同文会,《京汉线调查报告书》,第2卷第7编,页28;京汉铁路车务处编,《京汉旅行指南》,页131。
③ 曲直生,《河北棉花之出产及贩运》(北平:社会调查所,民国二十年),页86。

二十世纪以后,这种形势逐渐改变。由于国内外纺织业的需要和铁路的兴筑,原来限于本地市场的棉花,至此乃变为一种出口商品(见本文第四章第一节)。在产棉繁盛各县区,原来即有棉花与棉布的交易市场,该处交易的势力,棉花与棉布略相等,至此则棉花的交易日渐发达,棉布的交易反相形见绌(除了少数地区例外)。更因棉产增加的结果,各县出现了许多专供棉花交易的市场,可称之为初级市场(primary market),著名者如河北西河区的定县、束鹿、栾城、正定、石家庄、永年、邯郸,河南的灵宝、陕州、洛阳、新乡、许昌、商丘、确山、信阳[①]。

次级市场(secondary market)则通常位于铁路要站,或棉花易由原始市场运至终点市场(terminal market)(通商口岸)的河上,如河北的石门、保定,河南的郑州、安阳、汲县、武陟[②]。关于这些市场的性质及活动可以石家庄及安阳二地为例说明之。

在平汉路上,石家庄虽与正定、邯郸等站同为棉花的次级市场,然其地位实属特殊。就位置而论,石家庄位居西河棉产主要区域的中心,周围获鹿、正定、藁城、元氏、栾城诸县均为产棉著名的县区。这些地区所产的棉多先集中于石家庄,然后再向外运输。又石家庄为平汉路与正太路的交接点,所有山西产棉亦先运至石家庄,再转运至他埠。因此其地位乃介于原始市场与终点市场之间,而为两种市场衔接的枢纽[③]。安阳所出彰德棉之范围包括附近各县,如临漳、汤阴及南北的武安、磁州等处。这些地方因地理上运输之便利,性质上之雷同,与人事上资金

①　曲直生,《河北棉花之出产及贩运》,页 88;胡竟良著,大塚令三译,《河南の棉業》(南京:中支建设资料整备事务所编译部,昭和十五年),页 103。

②　曲直生,《河北棉花之出产及贩运》,页 88;胡竟良著,大塚令三译,《河南の棉業》(南京:中支建设资料整备事务所编译部,昭和十五年),页 103。

③　曲直生,《河北棉花之出产及贩运》,页 99。

的雄厚,所产棉花,均汇集安阳包装输出①。民国初立时,此地花行一因实力不足,一因产量稀少,均系代客买卖。至民国 20 年代,渐变为自己收货,其行市由棉业公会收听南京无线电台转上海行市棉花报告及济南、天津供应情形而定;其资金活动,全赖银行押汇,每月押汇数约在 500 万元以上②。

天津则为华北棉花的终点市场。棉花之运销天津者,每年平均约一百三四十万担,其中天津市纱厂消费每年约四五十万担,衣被年需 10 万担,出口约 80 万—100 万担。天津市场的棉花主要来自西河流域,市况好时,由石家庄运津以车运者占 50%—60%,市面不佳则多由水运③。

铁路在棉花运销上的贡献在于从内地的市场吸收了更多的棉花,并运至通商口岸的终点市场,降低了运费和风险。铁路使这些新兴的次级市场如石门、保定、郑州等,在商业上与通商口岸的关系更为密切,并减少了各地(至少在铁路沿线)在价格上的差距④,有助于区域间贸易条件(terms of trade)的改善。

第四节　新观念的传布

西方势力进入中国后,绝大多数的“现代化”观念与设施均集中于

---

① 胡宗耀,《彰德棉业调查及分级鉴定结果报告》,《国际贸易导报》,第 6 卷第 12 期(民国二十三年十二月),页 113;河南农工银行经济调查室编,《河南之棉花》(开封:编者,民国三十年),页 44。

② 顾裕昌,《安阳县棉业调查》,《国际贸易导报》,第 7 卷第 10 期(民国二十四年十月),页 77。

③ 叶元鼎、马广文,《吾国重要棉市调查记》,《国际贸易导报》,第 6 卷第 9 期(民国二十三年九月),页 34—35。

④ 东亚同文会,《京汉线调查报告书》,第 2 卷第 5 编,第 7 章。

沿海沿江的通商口岸，而广大的农村腹地依然为传统的农业社会，受到西潮的影响很少，二者成为两个截然不同的世界。铁路的开通，则加速了新观念由通商口岸扩散至内地的农村，带动了地方上的建设。如一位河南的地方官即曾说：

> 迩者铁路中贯腹地，交通益洞达无阻，由是欧风渐靡，竞相仿效。设立商务、农工局、农事试验所，提倡新法，汲汲焉以牖启民智为务。虽未足以云备，亦自有创始经营缔造之功[1]。

至于民间，也因铁路的开通而接受了许多工商业的新知识，改良了原有的不良风俗。如许昌一地，"旧俗业工者少，匠艺粗作，类多农户兼营。近因铁路开通，风气大开，一切工艺莫不竞求新法"[2]。又如汝南的工业原有水泥、石画、油漆、雕刻、竹扎、织染、煅冶等，自铁路开通后，即间有外来工艺传入，促进了当地工业技术的进步[3]。他如河南南部的确山，由于地处山区，风气闭塞，自平汉路行驶此地后，"风俗之改良已有一日千里之势"[4]。此虽许昌、汝南、确山三地的情形，但其他各地当亦有类似的发展。至于重商观念的输入及商人的普遍兴起，已于本章第一节论及，在此不再赘言。

　　内地乡民由于铁路的完成而逐渐习得现代化的设施、组织和观念，同时也无可避免地学习了"已开发地区"——通商口岸居民的消费模式。民国初年，一位作家即曾对这种示范效果（demonstration effect）

---

①　陈扬，《筹豫近言》（出版地点不详，民国三年），卷 1，页 2 下。参阅：《民国外交档案》（中研院近代史研究所藏），《铁路档》，《河南郑县开埠案》，北字第 982 号，《河南郑县自辟商埠理由暨经过情形说明书》（毛笔原件），页 2 上："河南地处腹心，风气闭塞，自铁路开行，一切计划始稍萌芽。"

②　王秀文等修，张庭馥等纂，《许昌县志》，民国十二年，卷 4，页 46。

③　陈伯嘉修，李成均纂，《重修汝南县志》，民国二十七年，卷 13，页 29 上。

④　张缙璜修，李景堂纂，《确山县志》，卷 10，页 1 上。

有生动的描述:

> 今试观交通发达之区,则文物利器必日以新奇,益以奢侈品充塞其间,辉煌粲烂,眩人耳目。一印象于农民之脑底,则心焉窃美,必欲得之,其力之能胜与否,不遑计及。且今日既购此物矣,而明日遇有尤奇之物,则彼善于此之念,油然而生,终必购之而后已。得陇望蜀,宁有己时。生产有限,而消费无穷,夫人之欲望讵有满足之时①?

铁路所带来的繁荣固然改善了乡民的生活,但是奢侈浪费习惯的养成则对社会并无益处,传统绅士对此多不以为然,如《信阳县志》(民国二十五年)载:

> 信阳地薄寡积聚,城乡无大富户,无大商业,农人向来广种薄收……米薪价贱,谋生极易,工人日得三五十文便足仰事俯畜……五十年前乡村绝无盗劫之案……城市商贩所营,不过布盐糖纸各日用品,岁终赢余三五百缗便怡然志得意满。市面以银与制钱挹注周转,并无不足时,皞皞熙熙称乐土焉。至京汉铁路告成,俗习日趋浮靡,百货麋集,五方杂处。商家以修饰门面相争竞,而土木妖兴,居户尽为风气所转移。而衣食欧化……物价提高,小贩尽日所赢,难获半饱②。

上述言论颇有言过其实之处,适足以反证乡民生活水准之提高。但是过度的奢侈浪费则对社会经济有害无益,如据民国十二年修《新乡县续志》的记载,新乡一地,酒席宴会"咸同之间……荤素相间,惟肉而已,每

---

① 张思禹,《中国农业政策刍议》,收于:经世文社编译部,《民国经世文编》(上海:经世文社,民国三年),第 36 册,页 5。
② 陈善同等纂,《重修信阳县志》,民国二十五年,卷 11,食货二,页 1 上。

席不过一二千文。光宣以来稍近侈靡……鱼翅海洋参尚矣,然不过四五千文;近则参用香菜洋酒,一席之费动至二三千元,固由物价之昂,亦可见习尚之奢"①。此种消费模式即为社会学家韦布伦(Thorstein Veblen)所称之"炫耀性消费"(conspicuous consumption)②,其结果则阻碍资本的累积:

> 各乡富户以苦力起家者十居八九,惟稍能丰裕子孙,便习于游惰,故能致巨富者亦鲜③。

又有许多商人未曾习得西方资本家勤俭刻苦的精神,反而染上奸诈虚饰等不良恶习,甚至从事非法事业:

> 商业向守敦笃,信实和平,不尚奸诈,以此致富者不少。近年铁路交通,以机警为能事,奸诈百出,奢靡成风;外饰雄富,内容空虚。往往周转不灵,辄至亏倒。而违禁贩烟土、药丸者,尤作奸犯科,为商界羞④。

最后,拟对平汉铁路在华北商业发展上的意义作一评估。1930年代的学者多认为交通的改善将促进洋货的倾销,摧残传统的手工业,使乡民未曾自铁路处获益,甚至造成农村的枯竭(见第一章第一节),如民国二十七年刊印的《重修汝南县志》载:"自平汉通,运输便利,舶来品充满市廛,而资本大概空虚。"⑤但是据本章资料所得结论似乎并不能支持此项说法。其理由有以下数项:

---

① 韩邦孚等修,田芸生等纂,《新乡县续志》,民国十二年,卷2,页27。
② Thorstein Veblen, *The Theory of Leisure Class* (N. Y.: Modern Library, 1934), ch. 4.
③ 《新乡县续志》,卷2,页25上
④ 《新乡县续志》,卷2,页25下。
⑤ 《重修汝南县志》,卷13,页26上。

第一,洋货在内地农村流行的程度并未如保守的士绅在地方志书或其他政论性文字中所描写的那么大。据河北省县政建设研究院调查部在定县所作调查(表十九)显示,民国二十二年平均每家购用洋货仅7.34元,仅占购入各类货物的15.71%,而且定县与外界交通便利,洋货的流入应较为容易。

第二,相对地,本土工业并未全被摧毁。由表十九同时也可看出国货在乡间仍占优势。其原因有二,一方面如前所述,新观念、新技术的引入强化了传统的手工业;另一方面,洋货的输入促进了传统手工业的专业化,乡民放弃传统的纺纱业,而采用新式技术致力于织布业,即为一例。如平汉沿线的信阳,棉布、棉花本行销汝汴,"迨洋纱灌入内地,人工织布不足以维持生活,本地棉业遂废,然城市颇有设小工厂以新式机器织布者"[①]。更有进者,许多铁路沿线城镇反而由于运给的便利而兴起了小型的工业或加工业。如北京、大通、保定及平汉沿线城镇,由于接近小麦供应来源,而在民国以后兴起了许多小型面粉工厂[②]。平汉线附近的土布业中心高阳、定县本身并不出产棉花,其发达乃是由于运销便利之故[③]。因此,铁路开通后,本国或外国机器制品的流入或许摧毁了一些缺乏竞争能力的传统手工业,但同时也强化了一些手工业,并刺激兴起了一些新式工业,就长期观点看,自是利多于弊。

第三,乡民确实能够经由铁路开通所造成的商业发展而获得利益。

---

① 《重修信阳县志》,卷3,食货三,页5上。

② IMC,Decnnial Reports,*1912-1921.* p. 158.

③ 赵冈、陈钟毅,《中国棉业史》(台北:联经出版社,1977年),页215。吴知曾对高阳的家庭织布业和天津的机器织布业作一比较。高阳和天津间因有铁路可通,原料的输入和产品的输出均极便利,加以乡间的工资和其他开支均较天津为低廉,因此仍能与天津的机器织布业竞争。参阅:吴知,《乡村织布业的一个研究》(上海:商务印书馆,民国二十五年),页273。

如《新乡县续志》(民国十二年)载：

> 农最勤俭,能世其业者,多至丰裕。各乡富户以苦力起家者十
> 居八九,惟稍能丰裕子孙,便习于游惰,故能致富者亦鲜①。

如乡民无法享受到商业发展的成果,则不可能会有"各乡富户以苦力起家者十居八九"的情形。因此,认为享受不到商业发展的成果之说法是不正确的。铁路在长途运输体积庞大的货物时,其运费获得最大的相对减小,使得农民可以自产地运出价格低廉且在以前被视为不值得输出的作物；农民卖出农产品后,得以购入价格较低的机器制品,而无需再买价格较高的手工业产品。于是一些手工业者被迫离村,这悲剧似乎不可避免地发生于1830年代左右的英国,以及1880年代左右的印度,当铁路传入各地后,也同时发生于世界上的许多其他地区。② 但是同样重要的事实是,铁路引入后随之而来的,即是农业上的地区专门化,导致生产量的增加,对大多数的人都有益处。

表十九:民国二十二年定县输入各类货物之价值及国货所占比率

物品种类	输入价值(元)	百分比(%)	国货价值(元)	百分比(%)
衣服类	1,021,013	31.98	962,723	94.29
食品类	923,364	28.92	871,068	94.34
燃料类	525,371	16.45	362,530	69.00
烟草类	182,280	5.71	43,590	23.91
兽畜及其产品类	154,800	4.85	154,649	99.90
药品类	65,255	2.04	57,096	87.50

---

① 《新乡县续志》,卷2,页25上。

② Colin Clark and Margaret Haswell, *The Economics of Subsistence Agriculture* (London: Macmillan & Co., 4th ed., 1970), pp. 213.

（续）

物品种类	输入价值(元)	百分比(%)	国货价值(元)	百分比(%)
木竹草制品类	62,806	1.97	62,787	99.97
金属制品类	58,731	1.84	39,324	66.96
染料、油漆类	54,777	1.72	18,808	34.34
图书类	32,437	1.02	32,047	98.80
纸类	29,780	0.93	14,992	50.34
磁器、玻璃类	26,091	0.82	23,856	91.43
敬神品类	20,057	0.63	20,057	100.00
石料、泥工类	15,398	0.48	15,398	100.00
化学品类	3,051	0.10	2,989	97.97
卫生品类	2,903	0.09	2,430	83.71
电料类	1,995	0.06	299	14.99
照像材料类	1,644	0.05	—	0
化妆品类	1,250	0.04	1,250	100.00
杂类	9,694	0.30	5,197	53.61
总计	3,192,777	100	2,691,131	84.29

资料来源:李景汉,《定县输入各国货物之调查》,《民间半月刊》,第 1 卷第 21 期(民国二十四年三月十日),页 6—7。

第四章 平汉路与华北农业的发展

第一节 经济作物的推广

农业商品化程度高的地区,必为运输便利之地。因为如果在没有便利的交通之下,农家除了必须生产自己食用的粮食作物外,尚需存储一部分以避免灾害等不时之需,因此即使想种植较多的经济作物往往也无能为力①。本节拟探讨平汉铁路对华北数种重要作物的推广与运销的影响,并对经济作物在农家经济上的意义作一评估。

(一)棉花

中国在未有铁路之前,内地植棉事业极不发达,仅限于水运便利之地。据日人估计,1904年中国棉花总产量约420万—430万担,其中上海浦东占

---

① Dwight H. Perkins, *Agricultural Development in China*, 1368-1968 (Chicago: Aldine Publishing Co., 1969), p. 116.

100 万担,通州 100 万担,汉口附近 100 万担,宁波 60 万担,天津、青岛 20 万—30 万担①。由此即可知棉花之分布与水运交通之关系。

虽然有些产棉地区由于市场良好,中间人以低价自粮食过剩地区运来粮食,使得这些地区逐渐变为依赖出售棉花所得现金购买粮食,如道光年间河北中部的栾城植棉面积占耕地面积 60%,农民尚需自外地购入粮食②。但是大部分的内地农民仍仅以自给为耕种目的,如能敷一家之用,即不愿多种。自 1904 年胶济铁路开通、1906 年平汉铁路开通后,沿线棉作发达,才开始有大宗棉花出现于天津、汉口市场。如安阳县境西北及西南为产棉区,在平汉路未通时,棉多半由小车、马车运销卫辉、怀庆一带,远及黄河以南,直达开封、许昌等处,至光绪二十九年城北广益纱厂成立,遂相率售于纱厂。其后天津、石家庄、郑州、青岛、汉口纱厂日多,于是棉花出省境,北达天津、石家庄,东至青岛、济南,南通郑州、汉口,转销上海,已非往昔之局促于本省者可比③。许多地区农民多就劳力与灌溉许可范围内尽量种植棉花,而食粮作物反成次要。例如:

> 河北正定一带居民,类皆以产棉为主要之职业……农民对于其耕作地,十分之八皆为种棉之用。在京汉铁路未成之前,生花每斤价格不过七分之谱,迨京汉铁路告成之后,不特生花之价格腾高,即产棉之额数亦随之而增加。正定府各县之土地,人民即多用

---

① 桥本奇策,《清国の棉业》,明治三十八年,页 2。转引自:石和统一,《支那にねける石纺绩业と棉花》,收于:神户正雄编,《东亚经济研究》(一)(东京:有斐阁,昭和十六年),页 87。

② "栾地肆千余顷,稼十之四,所收不足给本邑一岁时,贾贩于外以济之。棉十之六,晋豫商贾云集,民竭终岁之勤,售其佳者以易粟,而自衣其余。"陈咏修,张悼德纂,《栾城县志》,同治十一年,卷 2,页 29 上,引道光志。

③ 《续安阳县志》,民国二十二年,卷 7,页 4。

以为植棉事业,故食料一项不得不仰给于山西及邻近各省矣①。

政府与民间团体也从事于推广工作。北京政府于河北正定、北京西直门外设立棉业试验场,河南彰德设立政府直辖模范种植场(表二十),此外并于京汉路特开专车,于车厢中陈列棉业标本,沿京汉路各大小站得停留展览,宣传棉业之重要及美棉之优点②,但是成效似并不大。试验场由于规模狭小、经费短绌、机关之间缺乏联络,与农民未发生多大关系;所谓农业试验场,政府方面视之为一种国际上的装饰品,人民方面则视之为一种官办的垦殖公司③。

表二十:北京政府于河北、河南、湖北所设棉业推广机构

机关名称	所在地	创设年月	面积	职员数	经费
第一棉业试验场	正定	民国四年	281	6	5,000—6,000
第三棉业试验所	武昌	民国四年	362	6	9,600
第四棉业试验场	北京	民国七年			
中央政府直辖模范种植场	彰德	民国五年	200		

---

① 督辉,《中国棉业概况》,《钱业月报》,第3卷第9号(民国十二年八月),页19—20;《石家庄之经济状况》,《中外经济周刊》,第181期(民国十五年九月二十五日),页21,转引自:《中国近代农业史资料》,第2辑,页212。甚至有学者指出,战前平汉铁路沿线耕地种植棉花比率较津浦路沿线为大,乃是由于平汉路接连正太路,得以由石家庄运入山西、绥远之粮食,供给沿线植棉地带所致。参阅:上野章,《一九三〇年代中国的棉花生产——棉花生产者についてのこつの理解めぐって》,《社会经济史学》,第53卷第1期(昭和六十二年四月),页69。

② 《京汉铁路提倡农产始末记》,《京汉铁路管理局公报》,第35期(民国十年十一月中旬),页22—24;第57期(民国十一年六月下旬),页39;胡竟良,《中国棉产改进史》(重庆:商务印书馆,民国三十四年),页13。

③ 冯次行,《中国棉业论》,转引自:天野元之助,《中国農業の諸問題》(东京:技报堂,昭和二十七年),页132。

至于日人在平汉沿线的推广工作也开始得颇早,并与中国合作。三菱合资会社于民国六年即已订立河北正定至河南彰德间平汉沿线棉花改进工作的计划,民国八年开始具体工作,后由于排日风潮而于民国十五年停止①。该会社的推广方式如图一所示:

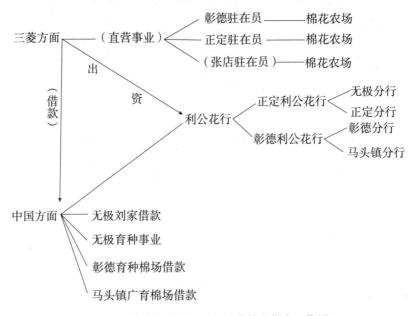

图一:三菱合资会社于平汉沿线棉花推广工作图

资料来源:南满洲铁道株式会社调查部,《北支那棉花综览》(东京:日本评论社,昭和十五年),页152。

河北省多平野之地,在白河及黄河之下游,气候、土壤颇适合棉花之种植,自铁路建筑以来,棉作物更为发展,西河棉自1908年也开始出现于天津市场。此处无法估计棉产的增加有多少是由于铁路的开通所致,但是由主要棉花产地的地理位置分布(见表二十一)可以看出,许多

① 渡边信一,《支那於に於ける陆地棉移植普及工作の沿革》,《经济学论集》(东京:东京帝国大学经济学会),第13卷第1期(昭和十八年一月),页52;樋口弘著,向金声译,《华北经济开发和日本资本》,《中国经济》,第5卷第4期(民国二十六年四月),页33—34。

无水路交通之便的产棉县份,由于铁路的便利而得以种植较多的棉花,似可说明铁路对棉作推广的贡献①。

至于棉花之运销,由于河北水运颇为便利,因此与铁路往往处于竞争地位,但是两者由于性质不同,往往可以相辅相成,促进棉花之运输。现试以河北产棉最著名之西河流域棉花运输情形为例加以说明②:

(1)上西河流域:棉花运入天津的途径有三:①直接由平汉路转北宁路;②先由平汉路至清苑,再由清苑以水道至津,这二种方法处于竞争地位。定县、完县、满城、清苑一带的棉花多分由此二途径;③直接发河道。清苑、安国、博野、蠡县、高阳一带的棉产多由此途径。

(2)下西河流域:①石家庄附近县份,平时均由铁路入津,内战期间铁路不通,乃由滹沱河运津,但水路平时无法与铁路竞争;②束鹿县附近以河道为主;③邯郸附近平常则以铁路为主。

至于河南省,由于河运相对不发达,铁路在棉花生产区域之推广与运销之促进上所占地位乃益形重要(见表二十二)。

根据另一项资料显示,民国二十一至二十三年间,河南种棉面积在千亩以上县份共有 43 个,其中 21 县位于铁路沿线③。

---

① 一张华北农作物分布图也显示出,彰德棉、河南棉和灵宝棉均位于铁路沿线区域而成长狭长带状分布。参阅:小岛精一,《北支经济読本》(东京:千仓书房,昭和十二年),图 1。

② 曲直生,《河北棉花之出产及贩运》(北平:社会调查所,民国二十年),页140—141。

③ Ernest P. Liang, *China : Railways and Agricultural Development* , 1875-1935 (Chicago: University of Chicago Dept. of Geography, 1982), p. 106.

表二十一:河北主要产棉县份及运输状况表

县名	民国七至十二年平均年产量(担)	与运输路线接近程度	
		铁路	水路
藁城	257,378	正太沿线	√
束鹿	209,683	正太沿线	√
晋县	190,490		√
赵县	138,516	平汉附近	√
正定	105,950	平汉沿线	
定县	81,878	平汉附近	√
永年	77,186	平汉附近	√
蠡县	74,896		√
深泽	60,854		√
栾城	59,292		√
博野	58,566		√
丰润	46,900		√
获鹿	45,190	正太沿线	
元氏	41,767	平汉附近	
安国	39,593		√
满城	35,272	平汉附近	
玉田	26,621		
无极	26,479	平汉附近	√
邯郸	19,556	平汉沿线	√
滦县	19,523		
定兴	19,112	平汉沿线	
高邑	16,053	平汉沿线	
完县	15,087		√
徐水	8,083	平汉沿线	

(续)

县名	民国七至十二年 平均年产量(担)	与运输路线接近程度	
		铁路	水路
天津	4,853		
宝坻	2,950		√
香河	690		√
涿县	683	平汉沿线	

资料来源:根据曲直生,《河北棉花之出产及贩运》(北平:社会调查所,民国二十年),页29—30编制而成。

表二十二:河南主要产棉县份及运输状况表

县名	民国十六至二十五年 平均年产量(担)	与运输路线接近程度	
		铁路	水路
安阳	137,932	平汉沿线	
太康	77,267		√
泌阳	62,263		√
武安	40,275	平汉沿线	
邓县	39,419		√
洛阳	37,996	陇海沿线	
灵宝	37,204	陇海沿线	
永城	34,800		√
阌乡	25,664		√
陕县	21,412	陇海沿线	
孟县	21,292	陇海附近	
汤阴	20,578	平汉沿线	
偃师	19,998	陇海沿线	
新乡	19,751	平汉沿线	
淮阳	18,749		√

(续)

县名	民国十六至二十五年平均年产量(担)	与运输路线接近程度	
		铁路	水路
杞县	18,316	陇海附近	√
唐河	17,456		√
正阳	15,090		√
临漳	15,050		√
淅川	14,560		√
巩县	13,220	陇海沿线	
内黄	12,641		
睢县	12,337	陇海附近	
虞城	11,410	陇海附近	
扶沟	11,210		
获嘉	11,175	平汉沿线	

资料来源:根据胡竟良著,大塚令三译,《河南の棉花》(南京:中支建设资料整备事务所编译部,昭和十五年),页10—15编制而成。

至于河南棉花的运销,除了南部新野、唐河、邓县、镇平、淅川一带棉产由水路集中于襄阳外,大部分均集中于平汉、陇海铁路沿线,再由铁路运往汉口或天津[1]。河南省所产棉花,自平汉路开通后,始大宗出现于汉口市场,起初不过彰德与武安所产,不久则黄河沿岸所产之棉亦运往汉口[2],平汉路对河南棉花之运销实已发挥最大功能。至于陕西棉,大多经由渭河至郑州再由平汉路运至汉口。湖北棉则均由汉水或

---

① 胡竟良著,方塚令三译,《河南の棉花》(南京:中支建设资料整备事务所编译部,昭和十五年),页104。

② 周志骅,《中国重要商品》(上海:华通书局,民国二十年),页7。吴汉光,《中国之棉花栽培》,《地理学季刊》(广州:国立中山大学地理系),第1卷第3期(民国二十二年九月),页43。

平汉路集中于汉口①。

究竟棉花的种植带给农民多大的利益? 据各种资料显示,在一般情况下,种棉约为种植其他作物的二倍。如民国初年日本东亚同文会在直隶所作调查:

表二十三:河北农家种植棉花与麦、豆收支情形比较表:

棉花	经费:每亩地一作肥料、税金、苦力费	30 串文
	收获:实棉约百斤	6 串文
	纯益	24 串文
麦、豆	经费:每亩地二作肥料、税金、苦力费	7 串文
	收获:麦约五斗十串文、豆约六斗九串文	19 串文
	纯益	12 串文

资料来源:东亚同文会,《支那省别全志》,第18辑(东京:编者,大正九年),页591。

1924年出版的海关十年报告:

> (河北)种棉获利几为种植高粱或小麦的二倍。适于种植棉花的土地每亩市价为60—80元,而只适于种植其他作物的土地则每亩市价为40元②。

1933年出版的海关十年报告也指出种植棉花有类似的利润:

> 河北种植棉花每亩收入16.70元,支出12.50元,净利为4.20元;种植其他作物则每亩收入12.30元,支出10.0元,净利为2.30元③。

---

① Chi Yu Tang, *An Economic Study of Chinese Agriculture*:*A Thesis* (n. p. ,1924),p.431.

② MC,*Decennial Reports*,*1912-1921*, p.154.

③ MC,*Decennial Reports*,*1922-1931*, p.353.

1930年代经济恐慌的浪潮袭入中国后,由于棉花所受影响较小,因此种植棉花的利润乃相对增大(见表二十四、二十五)。

表二十四:华北地区种植棉花与其他作物每亩收支比较表

单位:元

	收入	支出	损益
美棉	25.80	17.90	7.90
国棉	19.25	16.17	3.08
大豆	9.10	7.20	1.90
高粱	10.50	9.70	0.80
粟	11.70	12.20	−0.50
小麦	10.50	11.30	−0.80
花生	14.40	15.60	−1.20
玉米	8.50	9.90	−1.40

资料来源:陈庚荪,《华北棉花栽培问题》,《国际贸易导报》,第8卷第2期(民国二十五年二月),页32。

表二十五:民国二十二年河北西河区棉花与其他作物每亩收支比较表

单位:元

	收入	支出	损益
棉花	13.460	8.720	4.740
高粱	4.060	6.630	−2.570
玉米	7.500	7.830	−0.330
小麦	7.380	6.721	0.659
粟	6.080	8.477	−2.397

资料来源:南满洲铁道株式会社调查部,《北支那棉花综览》,页282。

(二)烟草

烟草于明末传入中国,清代华北产区分布于甘肃兰州、山东济宁,以及河北东北部山海关附近①。至清末,河南中部种植烟草的地区只有襄城、叶县二处,并且此二处的农民均未将种植烟草作为唯一的生计②。

第一次世界大战爆发后,英美烟草公司的势力伸展至河南、山东等省农村,在河南便成立了许昌英美烟草公司,他们采用种种方法奖励农民种植美国烟草,如无偿贷给种子、肥料及烤烟用的必要器具,收获时不论烟草品质均以最高价收购,并且收买时一律付以现金③。他们于河南襄城获得成功后,乃以襄城为中心,扩大至 11 县,即西北的禹县、郏县、灵宝,西部的宝丰和鲁山,再次为襄城东北的长葛,尤为平汉沿线的许昌、临颖、郾城、安阳等地④。以致烟草产量逐渐增加,在二十年间竟增加了二十余倍(见表二十六)。

---

① Ping-ti Ho, *Studies on the Population of China*, 1368-1953(Cambridge, Mass. : Harvard Univ. Pr. ,1959), p. 203.

② 美代清彦著,朱承庆译,《游历鄂省西北部记》(湖北农务学堂,出版时间不详),页 1—25。明洁,《英美烟公司和豫中农民》,收于:中国农村经济研究会编,《中国农村动态》(上海:编者印行,民国二十六年),页 10。

③ 中国科学院上海经济研究所、上海社会科学院社会经济研究所编,《南洋兄弟烟草公司史料》(上海:上海人民出版社,1958 年),页 61。

④ Ch'en Han-seng, *Industrial Capital and Chinese Peasants: A Study of the Livelihood of Chinese Tobacco Cultivators* (Shanghai: Kelly & Walsh,1939), p. 19. 另一项资料指出,烟草产于河南的许州、郑州、襄城、邓县,以及湖北的黄冈和均州。参阅:Lee Hsien Wei, *The Tobacco in China* (Tientsin: Hautes etudes, 1941), p. 25.

表二十六:河南烤烟产量

单位:磅

年代	产量	年代	产量
民国五年	微不足道	十六年	3,000
六年	2,500	十七年	5,000
七年	2,500	十八年	5,000
八年	10,000	十九年	45,000
九年	16,000	二十年	60,000
十年	9,000	二十一年	45,000
十一年	6,500	二十二年	65,000
十二年	11,000	二十三年	50,000
十三年	32,000	二十四年	63,000
十四年	11,000	二十五年	70,000
十五年	4,500	二十六年	60,000

资料来源:Ch'en Han-Seng, *Industrial Capital and Chinese Peasants: A Study of the Livelihood of Chinese Tobacco Cultivators* (Shanghai: Kelly & Walsh, Ltd., 1939), p. 93.

在此,很难指出烟草产量的增加有多少是由于铁路,但是我们仍可由烟草的运销过程中看出铁路的重要性。

河南烟叶行销外省以上海为最多,汉口次之,但是均由汉口输出,因东部烟叶产地多在平汉路沿线,有铁路为之运输,西南部如内乡、邓县等地近汉水,则由水道转运汉口。[1]

农民种植烟草是否比种植粮食作物更能获利?陈翰笙在河南襄城等地烟草产区所作调查的结果显示,如将工资列入成本计算,答案是否定的(见表二十七、二十八)[2]。

---

[1] 实业部国际贸易局编,《烟叶》(长沙:商务印书馆,民国二十九年),页111—112。

[2] 其他类似的研究,参阅:Sherman Cochran, *Big Business in China: Sino-Foreign Rivalry in the Cigarette Industry*, 1890-1930 (Cambridge, Ma.: Harvard University Press, 1980).

陈氏所作调查时间,正值经济大恐慌时期,因此是否能够代表一般状态颇有疑问。相反地,我们尚能由他所作的调查中看出种植烟草确能使农民获得较大利益之迹象(稍后将作讨论)。

表二十七:河南襄城美国烟草每亩平均收入及支出

(民国二十二至二十三年)

单位:元

	主要作物价格	副作物价格	作物总价格	肥料支出	干燥费用支出	工资支出	作物总支出	总价减总支
民国二十二年	5.3	0.3	5.6	4.0	2.3	15.3	21.6	—16.0
民国二十三年	14.4	0.3	14.7	4.3	2.2	15.3	21.8	—7.1

资料来源:Ibid.,p.59.

表二十八:河南襄城美国烟草及粮食作物耕种农民之

工资率(民国二十二至二十三年)

		(1)	(2)	(3)	(4)	％
民国二十二年	美种烟草	5.6	15.3	7.3	—1.7	—11
	小麦	3.3	2.9	3.1	0.2	7
	高粱	3.4	1.8	2.9	0.5	27
民国二十三年	美种烟草	15.1	15.8	7.5	7.6	50
	小麦	3.3	2.9	3.1	0.2	7
	高粱	3.2	1.8	2.9	0.3	17

说明:(1)每亩作物价格(元);(2)每亩工资(元);(3)每亩工资以外之生产费(元);(4)作物价格—工资外生产费;百分率(4)/(2)

资料来源:Ibid.,p.62.

(三)芝麻

芝麻于汉代传入中国,清代广泛种植于湖北的汉水流域和河南的唐、白河流域。平汉路开通后,刺激了芝麻的种植,汉口港的芝麻输出也因而大增①。由于芝麻的输出在低水季节,取得航道不便,因此至汉口乃完全依赖火车。雷麦(C. F. Remer)乃认为,二十世纪大豆和芝麻的巨额贸易若无铁路则不可能会成长②。光绪三十四年,芝麻已位居汉口输出贸易的第二位,仅次于茶:

> 芝麻已成为汉口贸易的重要物品。若非是茶的获利,汉口可能会被称为种子港(seed port)。芝麻贸易的成长乃是由于火车(平汉路)通车之故。自火车通车后,输出量已由50万担增至目前(1908年)的1,641,743担,为1907年出口的二倍③。

由于外洋的大量需要,芝麻价格上涨,每担价格由光绪三十三年的4.20海关两,增至宣统元年的5.40海关两④,更促进了河南芝麻的种植出口,甚至造成该省麻油供应的不足,如光绪三十二年十月十六日《时报》所载:

> 汴省麻油大涨,每斤128文,较之平常价值加倍有奇,据实业调查人云:芝麻宛、陈两郡大收,均在漯河售出,由火车运往南省,

---

① 海关数字显示,每年平均自汉口出口芝麻数量,1900—1904年为534千担,1905—1909年突增为1,230千担。参阅:Ts'ui-jung Liu, *Trade on the Han River and Its Impact on Economic Development*, c. 1800-1911 (Taipei: The Institute of Economics, Academia Sinica, 1980), pp. 43-44.

② C. F. Remer, The Foreign Trade of China (Shanghai: Commercial Press, 1926), pp. 146-148.

③ IMC, *Annual Reports and Returns of Trade*, 1908, Hankow, p. 211.

④ IMC, *Annual Reports and Returns of Trade*, 1909, Hankow, pp. 262-263.

以致汴省来源不畅，油价为之大涨①。

河南芝麻产量较多之地为驻马店、漯河、周家口、郾城、遂平、西平、临颖、汝南、归德等地②，均在平汉路沿线地区及淮水流域，湖北省出产芝麻地区亦在平汉沿线③。因此，河南临颖县附近以南至湖北所产芝麻，凡有铁路可利用者均由铁路集中于汉口，淮水流域则自镇江输出④。

铁路亦造成运销路线的转变。如河南中部叶县所产芝麻在铁路未成之前，乃先运至郧潭，再由水运至汉口。平汉路通车后，即改向郾城以铁路输出⑤。周家口附近所产原由淮河至镇江，但铁路开通后乃由平汉路至汉口⑥。因此，汉口于光绪二十年输出之芝麻中，60％来自河南，40％来自湖北⑦，但是至民国初年时，汉口芝麻90％均来自河南⑧。这转变固然大多是由于河南种植之大增，但是也有一部分是运销路线的改变所致。

平汉路对中国芝麻输出之重要性，可由民国十八至二十年的统计看出：

---

① 《时报》，光绪三十二年十月十六日。

② 实业部国际贸易局，《芝麻》(长沙：商务印书馆，民国二十九年)，页7；《中国之主要农产物》，收于：上海五三书店编，《农民丛刊》(上海：五三书店，民国十六年)，卷4，页37。根据民国二十一年的一次调查显示，河南种植芝麻面积在1千亩以上的36个县中，有一半位于铁路沿线。参阅：Liang, *China*, p. 104.

③ 《长江沿岸作况》，《支那调查报告书》，第2卷第18期(明治四十四年九月二十日)，页60。

④ 东亚同文会，《支那省别全志》，第8辑，《河南省》，页621。

⑤ IMC, *Annual Reports and Returns of Trade*, 1903, Hankow, p. 246.

⑥ 《支那省别全志》，第8辑，页624。

⑦ IMC, *Hankow Trade Report for the Year 1894*, p. 107.

⑧ 《支那省别全志》，第8辑，页619；《河南省の谷类に就て》(下)，《支那》，第9卷第3期(大正七年二月一日)，页13。

		全世界输人国总净入口量	中国出口量	汉口出口量	平汉运出量
民国十八年	千公担	1,343.0	887.1	364.7	115.6
	吨	132,178	87,308	35,898	11,375
民国十九年	千公担	1,729.0	1,162.8	601.4	589.3
	吨	170,167	114,442	59,189	58,000
民国二十年	千公担	1,492.0	1,016.6	626.1	625.2
	吨	146,842	99,463	61,619	61,530

　　资料来源:陈伯庄,《平汉沿线农村经济调查》(北平:交通大学研究所,民国二十五年),页 2。

　　平汉路与芝麻的关系似较与棉花、烟草的关系更为密切,颇可下一结论:若无平汉路,河南绝不会种植,也绝不会输出如此多芝麻。

　　此外,农业的商品化尚表现于粮食作物的籴粗粜精。平汉路与平绥、正太路接轨,挹取塞外和山西的粗粮。沿线有面粉厂之地共九处(北平、保定、石家庄、邯郸、彰德、新乡、郾城、许昌、汉口)采购小麦,又有保定、石家庄、彰德、郑州等城市,以小米为市民第二位粮食。由此可见交通对粮食作物所发生的影响。小麦、小米为精粮,高粱、玉米为粗粮,精粮的商品化,因交通而发生;精粮的多种,因籴粗粜精而推进,籴粗粜精的可能,又因交通而确立[1]。

　　经由铁路而得以更进一步推广的经济作物,究竟对农村经济发生了何种影响? 1930 年代许多学者认为种植经济作物产生了"经济殖民地化"的危机,而促使农村破产,农民生活水准降低。这种说法在当时的学术界居有支配性的重要地位[2],笔者现以平汉路所经地区的经济

---

　　[1]　陈伯庄,《平汉沿线农村经济调查》(北平:交通大学研究所,民国二十五年),页 27—28。

　　[2]　1949 年以后,中国大陆的史学界亦多认为"农业愈卷入商品范围,绝大多数的农民生活愈贫困"。参阅:湖北大学政治经济学教研组编,《中国近代国民经济史讲义》(北京:高等教育出版社,1958 年),页 332。

作物发展为例,检视此一说法的正确程度。

(1)使得中国农村与世界市场更为紧密地结合。经济作物在中国并非新奇事物,中国市场也早已和世界市场结合,但是毫无疑问,二十世纪以来的铁路发展快速地促进了此一过程的范围与深度,其结果之一即为容易感受世界景气变动的影响,而使得农家经济随之而有剧烈的变动。一位学者即曾有以下的感叹:

> 个人曾在陇海西段棉区旅行,经过洛阳、灵宝、渭南、西安等处,联想到美国罗斯福总统对于美棉统制白银购买的一举一动,都可以使得这处住土穴的棉农立受影响。不论他是祸从天降或福自天申,这蚩蚩噩噩的中古世纪式的棉农,既然生在一九三四年便逃不了罗斯福的影响①。

1930年代世界经济恐慌的风潮传入中国后,确实使种植经济作物的农民损失惨重。于棉业则棉价大跌,一般农民无不叫苦不已,如河北赵县向以产棉著称,所有农田十之八九均用以种棉,农民经济全视棉花收成之多寡及价值之高低为定衡。在平日平均每亩产棉80斤,每斤以2角计,可得16元,除完税纳粮、施肥给工外,尚可有6元之盈利,但是经济大恐慌之风传入中国后,棉价跌落,每斤售价不过一角四五,且难售出,故农民金融日常吃紧,贫农之家典物当衣,稍富之家亦均借钱揭债,一般农民无不叫苦连天②。他如以产烟著名的许昌石固镇,民国七年

---

① 陈伯庄,前引书,页1—2。国际经济对于长江流域水稻区之农家经济,亦有类似的影响。参阅:Loren Brandt,"Chinese Agriculture and the international Economy,1870-1930s: A Reassessment," *Explorations in Economic History*, 22 (1985),pp. 168-193.

② 马乘风,《最近中国农村经济诸实相之暴露》,《中国经济》,第1卷第1期(民国二十二年四月),页39。

在美人之推广下开始种烟,民国十九年为烟叶黄金时代,收烟叶之烟行不下 50 家,最好的烟叶售价每斤贵至 1 元 2 角,做生意的和耕田的都发了点财,但至民国二十二年营业即一落千丈,最好的烟落至四五角,价虽落亦无买主,乡间各农户之存货甚多①。河南中部的和尚桥亦有类似的情形:

> 民国十八年为种烟黄金时代,每担 80 元。农民见大利所在,多舍弃种杂粮而来种烟。民国二十年种烟者太多,生产过剩,加以市面不好,烟价狂跌,每斤仅值几分,尚乏顾主。农民眼看一堆堆的烟叶,饥不能食,寒不能衣,所耗工料,又付之东流,以亏累不堪,因而自杀者不在少数。近来农民对于种烟,已如惊弓之鸟,不敢再为尝试了②。

但是这种景气变动乃为以专业化为特色之资本主义式农业所无法避免者,除非仍退至传统自足式农业。1930 年代的学者对此点所持态度实过于悲观。

(2)生产条件并无根本改善。依传统学者的看法,华北农民大多为小农,华北虽有大规模的土地所有者,但棉田经营的规模均极细小,农民自身根本不能改善其生产条件,而专赖其过度之劳动③。他如河南烟草之种植虽极发达,但产烟地区并未出现新式的耕种方式及大规模

---

① 陈伯庄,前引书,页 32—33。参阅:陶直夫,《中国现阶段底土地问题》,收于:中国农村经济研究会编《中国土地问题和商业高利贷》(上海:黎明书局,民国二十六年),页 29。许昌所产烟草销路以英美烟公司为最重要,约占总数 80%,烟叶较次者,才销售考城、杞县、太康、陈留等县。参阅:姚晓艇,《许昌县农业概况调查》,《中华农学会报》,第 121 期(民国二十三年二月),页 167。

② 陈伯庄,前引书,页 31。

③ 陈洪进,《走向典型殖民地经济的中国棉业》,《中国农村》,第 2 卷第 11 期(民国二十五年十一月),页 26。

之农业经营①。关于此点实属正确,农业之商品化大多仍未促进生产方法之改善。但是也并非没有例外,如平汉路沿线的豫南无井,但一过黄河便见井。原因在于二十世纪初时河北植棉尚少,因此亦未有井,其后棉产日增,收入增多,乃能负担凿井设备之费用②。生产条件之改变所牵涉因素甚多,如官绅之态度、民性等等,尚值得作更进一步之探讨。

(3)市场价格所表现的农民利益,并不完全为农民所得,如苛捐杂税、商人之剥削等,最明显的例子即见于烟草种植之区域。烟草之生产过程中需费较多的人力、肥料及燃料,因此生产费用较高(见表二十九)只有中等以上的农家才种得起,贫农种烟草者极少③。当烟叶采下后,农家由于无钱买煤,往往给予高利贷机会,因此高利贷在烟叶区势力特别大,普通月利 4 分,有 5 分、6 分的,最高甚至达 10 分之巨④。

表二十九:河南襄城重要作物每亩生产费用比较

(民国二十三年)

作物种类	生产费(元)	指数
美烟	22.8	100
小麦	7.0	31
高粱	5.7	25

资料来源:Ch'en, *Industrial Capital and Chinese Peasants*, p. 73.

---

① 张锡昌,《河南农村经济调查》,《中国农村》,第 1 卷第 2 期(民国二十三年一月)页 48。

② 陈伯庄,前引书,页 80.

③ 行政院农村复兴委员会,《河南省农村调查》(上海:商务印书馆,民国二十三年),页 120。

④ 同前书,页 120。河南地区芝麻种籽、豆粕、煤等贷款可参阅:陈翰笙,前引书,页 59—60。

1930 年代学者多以为农民在世界经济恐慌的摧残和高利贷、苛捐杂税等的剥削下,乃日益贫困,造成农村破产,但是事实或并不如此。他们并未解释何以农民愿意担负景气变动的风险及各种的剥削而仍愿意种植经济作物,而不退回传统的自足式农业?

第二节 国内移民

由于华北农民移往海外者极少,因此本节主要讨论平汉路对移民东北及距离较短的城乡间移民所作贡献,并对此种移民的影响略作评估。

(一)移民东三省

二十世纪以后华北至东北的大规模移民,其原因可分为以下三项:

(1)华北农村的衰落

由于自然、政治、经济等因素使得华北农村的人地比率恶化,东三省乃成为中日战争前华北各省离村人口之尾闾。每有一次灾变,政府即积极奖励一批灾民前往东北,平均每年约有 60 万[1]。流亡东北的难民一向以山东人居多,河北人次之,河南直至民国十八年才有大批(11.6 万名)难民前往东北。山东难民投奔东北,大多是凌乱的各自逃生,河南的则完全是由赈灾会移送。旅平河南赈灾会在河南境内设立的招待处很普遍,西部有陕县、洛阳、沁阳等处,南部有信阳,西南有南阳,东南有潢川,东部有周家口,东北有汲县,北部有安阳,平汉路沿线

---

[1] 吴至信,《中国农民离村问题》,《东方杂志》,第 34 卷第 20 期(民国二十六年十一月),页 96。

则有许昌、新乡等处①,郑州为河南难民的总招待处,各地难民多集中于此,复乘平汉路至丰台,再转北宁路出关,经打洮及洮昂二路分散各地②。

表三十:民国十八年至黑龙江之河南难民各县分布表

	人数	比例(%)
安阳	3,832	17.31
汤阴	2,532	11.44
巩县	2,056	9.29
滑县	1,832	8.28
内黄	1,391	6.28
洛阳	1,346	6.08
平等	1,225	5.53
宜阳	711	3.21
淇县	696	3.14
孟津	690	3.12
汲县	618	2.79
渑池	348	1.57
延津	287	1.30

---

①　陈翰笙等,《难民的东北流》,收于:冯和法编,《中国农村经济论》(上海:黎明书局,民国二十三年),页341;赵中孚,《1920—1930年代的东三省移民》,《中研院近代史研究所集刊》,第2期(1971年6月)。另一项研究指出,民国十八年河南饥民移入东北的人数约为11.7万人,超过该年东北移民人数的11%。参阅:Thomas Richard Gottschang, "Migration from North China to Manchuria: An Economic History, 1891-1942," unpublished doctoral dissertation, University of Michigan, 1982, p. 73.

②　何廉,《东三省之内地移民研究》,《经济统计季刊》,第1卷第2期(民国二十一年六月),页226。

（续）

	人数	比例(%)
新乡	222	1.00
自由	173	0.78
氾水	161	0.73
涉县	93	0.42
长葛	92	0.42
偃师	32	0.14
其他	3,799	17.17
总数	22,136	100.00

资料来源:东北文化社年鉴编印处,《东北年鉴》(沈阳:编者,民国二十年),页 1272。

平汉路对河南灾民之移往东北究竟作了多大贡献,由民国十八年龙江慈善会对至黑龙江的河南难民各县分布情形所作调查(见表三十),即可看出灾民大多来自豫北。

河南北部难民移至东北者特多,一方面是由于沿平汉路北上转东北出关较为便利,并因接近山东和河北,较易打听东北的消息;另一方面,由于赈灾会中同乡较多,他们先已在本乡宣传(大多是巩县刘镇华的旧部和中原公司的人员)[1]。但是由此亦可看出,虽有铁路之便,仍未有助于豫南难民移往东北。河南移民搭乘平汉、陇海、道清、北宁等路虽均为免费,但难民乘坐火车极不容易,或因战事发生,或因运兵忙碌,往往无论如何奔走呼号,仍然很难得到车辆。例如,民国十八年郑州总招待处致旅平河南赈灾会电:"北上灾民在石家庄换车周折,且车

[1] 陈翰笙等,前引文,页 338。

不敷用,灾民逃亡,且有饿毙事情。"①如此则必然无法发挥铁路的功能。

(2)东三省的吸引

有些学者认为,中国本部政治、经济的破产为劳动力移往东北的唯一动机②,事实上东北本身的吸引力亦为重要原因(甚至为主要原因),否则无法解释何以离村农民移往的目标为东北。据民国七年农商部统计各省农业劳动者工资率(见表三十一),各省中除新疆外,东三省之工资最高。

在各地工资率不均的情况下,工资率低地区的劳动力向工资率高的地区移动是极其自然的,而移民之结果也将使移出地区的工资上涨。如民国十一至十二年间直隶农工之平均收入,除衣食系由地主供给(年值大洋 20 元)外,每年工资计大洋 10 元。据东南大学之调查,数年之后该省农工工资即因工人多赴东省之影响而增至每年大洋 20 元,但比诸东北北部于农作最繁忙时,有时每昼夜即达大洋 1 元,仍相差甚巨③。

表三十一:农商部统计各省工资比较表

单位:大洋元

地区	年薪(供食)			日薪(供食)		
	最高	普通	最低	最高	普通	最低
京兆	50.00	25.00	5.00	0.50	0.15	0.05
直隶	45.50	23.80	9.07	0.30	0.13	0.04

---

① 陈翰笙等,前引文,页353。
② 例如:王正雄,《东北的社会组织》(上海:中华书局,民国二十一年),页52。
③ 《北满之移殖与移民之搭运》,《东省经济月刊》,第 4 卷第 2 期(民国十七年二月),页48。

(续)

地区	年薪(供食)			日薪(供食)		
	最高	普通	最低	最高	普通	最低
奉天	60.20	44.00	28.73	0.60	0.43	0.27
吉林	64.00	45.00	31.75	0.51	0.36	0.23
黑龙江	70.70	54.60	38.30	0.43	0.28	0.18
山东	23.82	16.32	11.72	0.18	0.13	0.08
河南	24.25	14.25	8.75	0.14	0.09	0.06
山西	26.00	18.67	10.67	0.25	0.14	0.09
江苏	27.20	23.60	9.00	0.28	0.18	0.11
新疆	239.11	131.19	93.77	0.81	0.46	0.33

资料来源:南满洲铁道株式会社庶务部调查课,《满蒙全書》(东京:编者,大正十二年),第 6 卷,页 63。

此外,黄河流域每当春秋二季播种之际,常苦雨量不足,必须于雨后数日内乘土壤潮湿以完成耕耙播种,如耕畜短缺,必以人力代耕。如耕耙失时,土中水分蒸发失散,田土必多块结,耕耙极为困难,播种因以延迟。又当初夏收麦之际,复苦多雨,麦子如不迅速收获,每有发芽之虞。华北于小麦成熟时又多干旱热风,如不及时收割,麦粒极易脱落,故华北农谚云:"割麦如救火",以示收麦时期之工作紧张。农忙季节,省区间常有劳动力之移动,在二次大战前人数最多者即为山东、河北之农工前往东北耕作,春去秋回,习以为常[1]。

至于平汉铁路影响华北人民之移往东北至何程度,此处根据以下数种资料加以考察。

---

[1] 沈宗瀚,《中国农业资源》(台北:中华文化出版事业委员会,1953 年),页153—154。

(1)伪满"国务院"调查资料

表三十二 :1934—1936 年间东北 1,776 个农户之籍贯分布(百分比)

省别	1909—1934 (—1936)	1883—1908	1833—1882	1832 以前	所有农户 1934—1936
不明	26(9.9%)	26(5.8%)	26(6.0%)	73(11.5%)	151
山东	161(61.1%)	330(74.2%)	258(59.9%)	394(61.9%)	1,143
河北	40(15.2%)	43(9.1%)	66(15.3%)	96(15.1%)	245
河南	2(0.8%)	3(0.7%)	—	5(0.8%)	10
东北	17(6.5%)	5(1.1%)	57(13.2%)	24(3.6%)	103
韩国	17(6.5%)	24(5.4%)	1(0.2%)	—	42
蒙古	—	(0.2%)	(1.2%)	—	6
其他	—	13(2.9%)	18(4.2%)	45(7.1%)	76
总计	263(100%)	445(100%)	431(100%)	637(100%)	1,776

资料来源:Ramon H. Myers,"Socioeconomic Change in Villages of Manchuria During the Ch'ing and Republican Periods: Some Preliminary Findings," *Modern Asian Studies*, 10:4 (Oct. 1976),p. 609. 引伪满"国务院"实业部临时产业调查局所作调查资料。

(2)关东厅所作调查资料

表三十三 :关东州内及满铁附属地内工人之籍贯分布(1931 年)

省别	工场工人	矿山工人	省别	工场工人	矿山工人
山东	25,971 (57.4%)	18,811 (52.7%)	东北	13,011 (28.8%)	6,027 (16.9%)
河北	5,608 (12.4%)	10,094 (28.2%)	其他	636 (1.4%)	780 (2.2%)
			总计	45,226 (100%)	35,712 (100%)

资料来源:经济调查会,《满洲の苦力》,《满铁调查月报》,第 13 卷第 6 期(昭和八年六月),页 38。

表三十四：抚顺煤矿采矿工人之籍贯分布(1932 年 12 月底)

省别	人数(%)	省别	人数(%)
东北	1,236(9.8%)	江苏	81(0.6%)
山东	7,899(61.4%)	河南	162(1.2%)
河北	3,418(26.6%)	其他	10(—)
山西	48(0.4%)	总计	12,854(100%)

资料来源:经济调查会,前引文,页 39。

表三十五：大连码头搬运工人籍贯分布(1933 年 3 月)

省别	人数(%)	省别	人数(%)
东北	129(0.9%)	江苏	102(0.8%)
山东	13,122 (91.0%)	其他	50(0.4%)
河北	914(6.9%)	总计	13,317(100%)

资料来源:经济调查会,前引文,页 39。

(3)满洲劳工协会所作调查资料

表三十六：河北各县进入东北之劳动者各县分布表

县别	民国二十五年	民国二十六年	县别	民国二十五年	民国二十六年
盐山	6,495	7,134	景县	1,678	1,125
昌黎	11,156	12,815	宁河	2,884	3,075
滦县	5,706	7,508	吴桥	2,172	1,013
丰润	3,975	5,447	临榆	2,985	4,237
抚宁	5,813	7,784	沧县	4,388	4,004

（续）

县别	民国二十五年	民国二十六年	县别	民国二十五年	民国二十六年
乐亭	6,603	9,654	献县	2,541	1,892
迁安	1,522	1,886	武清	1,187	1,097
东光	1,768	1,634	河间	5,123	4,741
交河	3,897	3,205	卢龙	1,533	2,260
玉田	2,975	2,815	静海	818	725
宁津	2,731	2,051	蓟县	1,255	1,034
天津	5,057	3,988	遵化	520	1,404
宝坻	2,961	2,853	南皮	830	692
青县	2,110	1,691			

资料来源：樋口士郎，《北支における对满蒙劳働力供给の近况》，《满铁调查月报》，第 21 卷第 1 期（昭和十六年一月），页 183。

（4）奉天同善堂所作调查资料

表三十七：奉天同善堂所属同善济良所收养妇女籍贯分布

（民国九至十一年）

省别	人数	省别	人数
奉　天	25	山　东	22
直　隶	37	江　苏	20
北　京	11	上　海	10
天　津	6	其　他	10
保　定	5	河　南	2
乐　亭	2	开　封	1
丰　润	1	郑　州	1
霸　州	1	吉　林	2

（续）

省别	人数	省别	人数
塘沽	1	山　西	1
唐山	1	湖　北	1
南宫	1	安　徽	1
河间	1	江　西	1
彰德	1	不　详	1
冀县	1	总　计	113
枣强	1		
其他	4		

资料来源：据奉天同善堂，奉天同善堂报告书九、十、十一年份（出版时地不详），上册，《同善济良所》，页19—26所载名单计算制成。

由以上四项资料可以看出，移往东北者以山东省为最多，河北省次之，河南即已占极不重要地位。由此可显示平汉路对河南人民之移往东北并未发挥功能。河北移往东北人数虽多，但是主要却集中于距东北较近之东北部，平汉路对移民东北之贡献亦极有限。

至于此种移民对华北经济有何影响，毫无疑问，利多于弊。由于离村人口大多为年轻力壮的劳动人口，移民至东北后安家永居者在民国十六年以前仅占20%，其余均为从事临时性质之苦工，直至十六年以后，内地移往东三省者才有永久屯居之趋势[①]。但是无论是否定居，他们均与其故乡保持联系，一如前往南洋之广东、福建人。按期汇回或带回的结余款项，颇有助于农家的生计：

[①] 何廉，前引文，页230、234。另一项统计指出，有三分之二的移民于东北停留1—4年后返回华北。参阅：Thomas R. Gottschang, "Economic Change, Disasters, and Migration: The Historical Case of Manchuria," *Economic Development and Cultural Change*, 35:3 (April 1987), p. 480.

现在山东及河北人之一部,每年来东三省从事农工业者,尚有数十万人,春来秋去,来时除一身外,皆无所有。回时每人必腰缠二三百元,以至千数百元,俨然广东、福建人之去南洋谋生也。除去亲身带回者外,尚有汇兑回去者,各市场汇兑庄林立,皆为山东、河北人汇款回乡而设,每年汇回之款,不下五六千万元也①。

据统计,民国二十三年时,汇款占山东乡民全户收入近二分之一,占河北乡民全户收入近三分之一。② 除此之外,人口移出地区之工资也较无移民时为高,其重要性由此可见一斑。

(二)城乡间移民

东北乃九一八事变前华北各省离村人口之尾闾③,但事变后景象一反昔日。因东北社会秩序之不安及日人之压迫,入关者不多,同时日本鼓励本国移民,不得不限制中国农民进入,而当时华北各都市由于贸易之增加及运输之改进,自然使得都市成为农民离村之另一出路。都市之繁荣景象经由自都市返乡民众之传述,更使得乡民对都市抱以极大向往。1924 年出版的海关十年报告对于民国初年的武汉即有如此记载:

① 雷殷,《答询问移垦东北》,《东方杂志》,第 28 卷第 13 期(民国二十年七月),页 76。左派学者也称移民的结果造成了一股"新的小资产阶级",参阅:震瀛,《东三省实情的分析》,《向导》,第 52 期(民国十三年一月二十日),页 397。但是另一项资料却指出,华北从未自移民处接受过汇款,事实上至东北的移民所赚仅够维生,见 MC,*Decennial Reports*,*1912-1931*,vol. 1. p. 352.

② Gottschang,"Migration from North China to Manchuria:An Economic History,1891-1942," p. 138.

③ 华北农民离村至华南等较为少见,如浙江湖州人多以种桑养蚕为事,无法耕作,乃雇用许多河南人耕种。参阅:晏忠承,《农村经济与失业问题》,《东方杂志》,第 28 卷第 9 期(民国二十年五月),页 55。

武汉由于对劳工的需求日益增加,因此对于想谋职的人来说,是个很吸引人的地方①。

第一次世界大战以后,几乎中国所有工业的劳动力都是由最近才移入城镇的农民所组成。虽然当时国内城乡移民的文献资料极为缺乏,但是仍可由一些指标看出此一现象。如有一些社会调查曾询问某群工人以前的职业,由此即可得知出身农家的工人比率。此外,都市人口的一些特质如性别比例、年龄组合等,亦可作为城乡移民程度的指标。

表三十八:塘沽、天津等地工厂工人、学徒出身农家之比率

调查对象	调查时间	出身农家比率(%)
(A)塘沽久大精盐公司盐工	民国十六年	59.3
(B)塘沽永利制碱公司工人	民国十六年	44.0
(C)天津地毯工厂学徒	民国十八年	75.0
(D)天津织布工厂工人	民国十八年	61.5
(E)天津织布工厂学徒	民国十八年	64.5
(F)天津针织工厂学徒	民国十八年	以农家子弟为多
(G)天津磨坊磨夫	民国十九年	多系农田欠收,或为灾害所迫,或因家境困窘,不得不离乡,远出谋生。
(H)天津磨坊学徒	民国十九年	60.7

资料来源:

(A) Lin Sung-ho, *Factory Workers in Tangku* (Peping: Soical Research Dept. ,China Foundation for the Promotion of Education & Culture,1928), p. 33.

(B)Ibid. ,p. 48.

(C)方显廷,《天津地毯工业》(天津:南开大学社会经济研究委员会,民国十九年),页 72。

(D)方显廷,《天津织布工业》(天津:南开大学经济学院,民国二十年),页 66。

(E)同前书,页 80。

(F)方显廷,《天津针织工业》(天津:南开大学经济学院,民国二十年), 页 72。

---

① MC,*Deceniai Reports*, *1912-1921*, p. 324.

(G)方显廷,《天津之粮食业及磨坊业》(天津:南开大学经济学院,民国二十三年),页101。

(H)同前书,页129。

表三十九:北平内外城历年人口总数及性别比例

年代	人口	性别比例
民国一年	725,035	182.9
二年	727,803	186.9
三年	769,317	183.1
四年	789,127	179.8
五年	801,136	180.5
六年	811,556	174.2
七年	799,395	173.2
八年	826,531	172.8
九年	849,554	166.7
十年	863,209	168.0
十一年	841,945	170.1
十二年	847,107	180.3
十三年	872,576	171.3
十四年	841,661	175.0
十五年	816,133	167.2
十六年	878,811	166.6
十七年	890,277	170.7
十八年	934,320	175.5
十九年	928,954	172.9
二十年(六月)	955,665	176.7

资料来源:林颂河,《统计数字下的北平》,《社会科学杂志》(北平),第2卷第3期(民国二十年九月),页377。

（1）出身农家的工人比率

表三十八指出，都市工厂工人约有 60％来自乡村，显示城乡间的移动相当大。

（2）都市人口特质

学者在探讨民国以来北平人口的增加时，多将其原因归于吸收客民，如民国十八年内、外城人口总数为 919,887 人，而北平本地人只有 386,075 人，不到总数的七分之三，其他七分之四均为他省迁来之客民①。

客民之移入亦可由北平人口中 16 岁至 45 岁壮丁人数之多看出民国七年占 59.8％、民国十八年占 59.3％②。这些现象在中国其他各都市大多存在，北平尤为显著。北平在外来移民的影响下，不但年龄分布不均，就连男女性别比例也大相悬殊（见表三十九）。

在灾荒或是内战、匪患时，此种城乡间的人口移动更为加深。如民国九至十年华北大饥荒时，便有大量灾民流入工业中心以及天津的棉纺织厂和东三省的日本企业③。

据统计，民国九年秋天时，即有 3 万以上的饥民避难于天津。一位外国观察家曾写道：

> 大批为饥荒所困的人们逃离他们的田地。他们的家乡已一无所剩，即使是树叶和树皮也都被拿来食用，以应急需。他们用最后的一文钱来到天津……许多人将仅存的家畜出售，以凑足火车票

---

① 林颂河，《统计数字下的北平》，《社会科学杂志》，第 2 卷第 3 期（民国二十年九月），页 385。

② 同前注，页 383。

③ Jean Chesneaux, *The Chinese Labor Movement*, 1919-1927 (Stanford: Stanford Univ, Pr. ,1968), p. 50.

钱,其他较不幸的人,则典当他们的衣服或是出售他们的儿女以购买火车票,成群拥入这个城市①。

表四十:天津地毯工人及学徒之籍贯分配(民国十八年)

地名	工人	学徒	总数
河 北	336	230	566
枣强	37	30	67
武清	47	8	55
束鹿	36	16	52
深县	29	12	41
武邑	11	11	22
衡水	11	3	14
南宫	13	1	14
冀县	11	2	13
天津	10	2	12
北平	9	3	12
景县	6	6	12
易县	5	6	11
盐山	10	1	11
安次	3	7	10
香河	6	4	10
其他	92	118	210
山 东	15	29	44
其 他	3	2	5
总 计	354	261	615

资料来源:方显廷,《天津地毯工业》,页71。

---

① Gail Hershatter, *The Workers of Tianjin*, 1900-1949 (Stanford: Stanford University Press, 1986), p. 76.

表四十一:天津织布工人及学徒生长地分配(民国十八年)

地名	学徒	工人	总计
河 北	469	256	725
武清	31	16	47
天津	27	12	39
景县	28	9	37
冀县	25	11	36
武邑	30	5	35
宁津	24	8	32
枣强	21	8	29
盐山	17	12	29
饶阳	18	8	26
静海	13	10	23
沧县	15	6	21
衡水	16	2	18
大城	13	5	18
南宫	10	8	18
深县	10	8	18
青县	13	2	15
河间	7	8	15
献县	8	6	14
故城	8	5	13
清苑	5	8	13
安次	5	7	12
南皮	9	1	10
新城	5	5	10
其他	111	86	197
山 东	78	55	133
其 他	3	6	9
总 计	550	317	867

资料来源:方显廷,《天津织布工业》,页 71。

向南逃难的灾民,则沿着平汉路扎营,仅就汉口一地即聚集了 3 万人以上。当他们的老家情况略为好转,即于六、七两个月由铁路送回华北①。1933 年出版的海关十年报告则对民国十一至二十年的汉口有如下的叙述:

> 汉口的人口在过去十年中有相当的增加,1931 年 1 月的普查时有 804,262 人,而上次报告时只有 289,804 人……1930 年的报告显示有 277,000 人移入汉口,104,000 人移出②。

平汉路在华北的城乡移民中究竟发挥了多大的功能? 此处拟以数种对天津地区工厂工人所作籍贯调查为基本资料,略作分析(见表四十、四十一)。

由以上二表可以看出天津工厂工人大多来自河北东部③,平汉路所能发挥的功能实为有限。至于这种城乡间移民对经济的影响,则范围至为广泛,如可防止农村土地再被分割,移民汇款可补贴农村出超等。在此仅讨论离村农民进入都市后之生活及其影响。

自西方的经济发展过程看来,乃是农业人口因都市工商业发展而为都市所吸收,农业人口相对或绝对减少,同时农业生产者因国内工业发展,日用品价格减低,农产品需求增加,致使购买力增高。但是中国的情形却并非如此。中国的城乡移民来源主要为天灾人祸下之农民和在洋货冲击下破产的手工业工人,移入都市多为被迫,加以中国的城市工业幼稚,所能吸收的劳动力有限。例如美国在 1927 年全国的工业共

---

① MC, *Decennial Reports*, 1912-1921, Hankow, p. 324.

② MC, *Decennial Reports*, 1922-1831, Hankow, p. 581.

③ 据学者对天津市的纺纱业和面粉业所作调查,也有类似的发现。参阅:吴瓯主编,《天津市纺纱业调查报告》(天津:天津市社会局,民国二十年),页 155;吴瓯主编,《天津市面粉业调查报告》(天津:天津市社会局,民国二十一年),页 62。

有 335 种,其中在纽约有 305 种,在芝加哥可找到 275 种;中国的新式工业据实业部于 1930 年代的调查,共有 98 种,其中在天津只能找到 39 种[1];又据民国十九年上半年的资料,北平之工业人口只有 78,452 人[2];武汉三镇的工业人口在抗战前也只有 45,000 余人[3]。这些资料均显示出中国工业的落后。

以离乡农民之智识技术,在都市中必难谋求较佳之地位,即欲做工厂工人,亦因中国工业化过于迟滞,无法吸收大量劳力,再因工厂大多自有组织,贫苦来奔之农民亦不易插足[4]。同时,社会救济工作又极为有限,如北京官立工场直接隶属于政府者,1920 年代仅能收容 1,500 人左右[5],汉口市政府所属之贫民教养所于民国十八年共收容了 1,200 余人[6]。天津市所设立之贫民救济院于十九年则共收容 1,800 余人,分班授课,但大多数人对此不感兴趣,该院在三年内经由此种教育之功而入社会得确定职业者只有 800 人左右。此外,市内尚设有民众学校一百处,每处最低额为 40 名,不收任何费用[7]。但此类社会救济工作所收效果仍极为有限,以致于无业游民极多,造成都市的社会问题。据统计,民国十九年上半年北平近 1,300 万人口中有 80 万市民系

---

① 吴景超,《第四种国家的出路》(上海:商务印书馆,民国二十六年),页 117。

② 《北平户口之新统计》,《工商半月刊》,第 2 卷第 18 期(民国十九年九月十五日),页 13。

③ 湖北省政府秘书处统计室编,《湖北省年鉴》,第一回(出版地点不详,民国二十六年),页 293。

④ 吴至信,《中国农民离村问题》,页 96。

⑤ 北平各官立工场名称及容纳劳工数,参阅:唐海,《中国劳动问题》(上海:光华书局,民国十五年),页 282—283。

⑥ 蒋孝安,《贫民教养所二月来的工作》,《新汉口市政公报》,第 1 卷第 4 期(民国十八年十月),页 115。

⑦ 《坎拿大失业教育会为函复本市失业教育真象并抄同答文请查照文》,《天津市政府公报》,第 36 期(民国二十年十一月),页 70。

仅有临时职业或无正当职业者[①]。另一项统计更指出,民国二十二年时,天津失业人口占该市总人口的 40%[②]。

虽然离村农民寄身于都市贫民阶级,造成社会问题,但是他们或因缺乏技术无法成为技术性工人,或因染得都市浮华习气不愿返回乡村,以致造成乡间劳动力之缺乏,使得农村生产力也为之降低。

> 京畿一带及城内无业贫民虽称众多,但于近来社会上关于各种劳力事业,颇有缺乏此项人才之叹……乡间农作尤有缺少农工之叹……引起农工要求增加工资者,比比皆是[③]。

上述评论对象虽为北京一地,但是其内容则颇能符合全国都市之实况。

总之,由于传统中国存在着有隐藏性失业,铁路之开通使得由于交通不便、讯息不通所引起之摩擦性失业(frictional unemployment)得以减小。铁路对华北经济作物的推广所作贡献要较促进国内移民为大,乃是由于国内工业发展幼稚,一旦工业所能吸收的劳动力为离村农民所填满,其余的移入者便无法对经济提供贡献,只是使乡间的隐藏性失业转为城市中的公开失业而已[④]。

---

① 《北平户口之新统计》,《工商半月刊》,第 2 卷第 18 期(民国十九年九月十五日),页 13。

② Hershatter, *The Workers of Tianjin*, p. 76. 另据民国十九年天津市社会局调查,该市贫民有 10 万户,约占全市人口四分之一。参阅:《天津市慈善事业联合委员会第一次会议记录》,《天津市政府公报》,第 24 期(民国十九年十月),页 144。

③ 《顺天时报》,民国十三年六月十八日。

④ 这种情形在发展中国家极为常见。参阅:Hla Myint,"Agriculture and Economic Development in the Open Economy," in Lloyd G, Reynolds, ed. , *Agriculture in Development Theory* (New Haven and London: Yale Univ. , Pr. ,1975), p. 347.

第三节　饥荒的赈济

中国饥荒之多,举世闻名,在交通不便的情况下,即使当附近几百英里有粮食过剩,仍有可能发生饥荒,因此被西方人称为"饥荒的国度"(land of famine)①。为了预防饥荒,中国历代政府除了从事农业改良和兴修水利设施外,还设立各种仓储制度,以充实谷物的积蓄。在十八世纪及十九世纪上半期,全国存仓米谷总数约在 2,500 万—4,000 万石之间,对于小规模的灾荒尚堪救济,如遇规模较大、范围较广的灾害则无济于事②。并且自十九世纪以后,各地仓储制度废弛③。全国存仓米谷在 1840 年以后更减至 1,000 万石④。华北平原和黄土高原由于冬、春二季雨水缺乏,荒旱的机会较华南为大,交通工具的缓慢和运费的高昂更成为救荒的主要障碍。

清代最大的一次饥荒发生于光绪三至四年(1877—1878),灾区遍及华北四省,其中陕西和山西的灾情尤为严重。据报道,陕西境内"道殣相望,大县或一二十万,小县亦五六万",其凋残甚于同治初年的陕甘回乱之后⑤。据华洋义赈会的报告,在此次大饥荒中,死于饥饿、疾病

---

① Walter H. Mallory, *China: Land of Famine* (N. Y.: American Geographical Society,1926).

② 据估计,清代常平仓的储量即使在数量最大时,也仅能维持全国人口半个月左右之需。参阅:刘翠溶,《清代仓储制度稳定功能之检讨》,《经济论文》(台北:中研院经济研究所),第 8 卷第 1 期(1980 年 3 月),页 25。

③ Kung-chuan Hsiao, *Rural China: Imperial Control in the Nineteenth Century* (Seattle: Univ. of Washington Pr.,1960),pp. 153-159.

④ Dwight H. Perkins, *Agricultural Development in China*, 1368-1968, p. 164.

⑤ 吴廷锡等纂,《续修陕西通志稿》,民国二十三年,卷 31,页 1 上。

和暴乱者,计有 900 万至 1,300 万人之多①。

这次饥荒的直接原因固为光绪二至五年间,陕西、山西、河南、河北及山东一部分的久旱不雨,但是饥荒发生后而有如此惊人的死亡率,实应诿过于交通的不便。第一,内地的灾情直至光绪三年才传至北京,早已饿死了无数的灾民。并且,此次受灾地区辽阔,竟达 30 万方英里,在极短的时间内即可将存粮耗尽。由于粮食供不应求,加以运费高昂,如陕西所需赈粮必须采自湖北、四川,水陆迢递数千里,不仅运输速度缓慢,运费也高至粮价的两三倍②,致使米价飞涨,增大了灾民饿死的机会。如光绪四年初,河南有 6 百万人、山西有 4 百万人每天仰赖少许赈粮维生,死亡的人数日以千计③,而该年山西米价增至每石银 40 余两④。据估计,如有铁路可运,核以天津米价及火车运费,每石仅需银 7 两左右⑤。换言之,赈粮费用至少可减少六分之五,并且由于粮食供应迅速,也可使受灾时间缩短、灾民减少。

由于交通不便,加以冬季天津河流停航,大量的粮食无法迅速通过数百英里完全没有铁路或是良好道路的地区,因此虽然官方、民间对于

---

① Mallory,*op. cit.*,*p*. 29. 关于死亡人数的他种估计,可参阅:何汉威,《光绪初年(1876—1879)华北的大旱灾》(香港:香港中文大学出版社,出版时间不详),页 121。

② 左宗棠,《奏陈办陕甘赈务情形折》,台北故宫博物院故宫文献编辑委员会,《宫中档·光绪朝奏折》,第 1 辑(台北:故宫博物院,1973 年),页 625—626。

③ Robert Hart's letter to James Duncan Campbell, 12 January 1878, in J. K. Fairbank, K. F. Bruner and E. M. Matheson, *The I. G. in Peking*:*Letters of Robert Hart*,*Chinese Maritime Customs*,*1868-1907* (Cambridge,Mass.:Harvard Univ. Pr.,1975),vol. 1,p. 261.

④ 薛福成,《创开中国铁路议》,《庸盦全集》,光绪二十三年,文编,卷 2,页 18。关于各地灾区的粮价,可参阅:何汉威,前引书,页 15—30。

⑤ 李鸿章,《妥筹铁路事宜折》,《李文忠公全书》,奏稿,卷 39,页 21。

赈灾工作均极努力,但是每天死亡的人数仍以千计。据华洋义赈会会长富礼赐(R. J. Forrest)在报告中说:

> 在光绪三年的十月(1877 年 11 月)……山西全省以及河北、河南、陕西的大部分地区,秋收已是绝望了……天津为来自各口岸的粮食所充塞,海滩上的粮食堆积如山,政府所有的仓库都屯积满了,所有来往经商的船只全被征用,专供装运粮食赴河间和山西之用,陆地上的大车和马车也全被接管,一向缺乏应变能力的政府对这迫在眉睫的巨灾已尽了最大的努力①。

值得注意的是,开封府和黄河以南地区,虽未能免于灾害,但是由于地处淮水流域,较为接近外来的救济,灾情得以略为减轻②。

这次灾荒所带来的惨痛经验,使得主张修筑铁路人士的信念更为增强,如郑观应即认为,此次救荒费用足以修筑相当的铁路:

> 往年(光绪三、四年)晋省洊饥,费数十金不能运米一石,一石之米须分小半以饷运夫,得达内地济饥民者寥寥无几。饿殍之惨,言之痛心! 设有火车,当不至是。况当日运费数百万金,苟移造火车,亦可成铁轨八九百里③。

光绪二十六年(1900),陕西再度发生大饥荒,由于当时适值两宫"西狩",因此竭尽全国之力救援关中一地的灾荒——于潼关设车马局、宁鄂设转运局、各通商大埠设接运赈粮局,并以漕船运送赈米,朝野上下日夜经营,但是由于运输缓慢,以致"前岁起运,至隔岁始达,道殣相望,十不活一",可见基本因素仍在于缺乏迅速的运输设施,才导致"当

---

① Mallory, op.cit., pp.29-30.
② IMC, *Hankow Trade Report for the Year 1877*, p. 21.
③ 郑观应,《铁路》,《盛世危言》,光绪十八年,卷 6,页 15。

饥疲僵冻之时,不获一饱;迨江淮闽粤粮至,而岁已转丰,救济卒鲜"①。

至铁路出现后,因其迅速价廉,在华北的救荒工作上便发挥了重大的功能。如民国六年秋季直隶大水的救济工作中,平汉路运送米粮、棉衣等,贡献卓越②。更值得注意的是民国九至十年华北的饥荒。有趣的是,此次大饥荒竟与光绪三至四年的饥荒发生于同一地区,荒旱的程度也相似,灾区最后高达 317 县;4,990 万的人口中,有 1,990 万据说完全依赖赈济维生③。但是由于交通的改善,使得救荒的工作能够迅速进行。北京国际统一救灾总会购买了 5 万余吨的粮食供赈济之用,而这些粮食事实上完全是集中于平汉路运入灾区。如每天行驶一列十五节、每节装载 20 吨粮食的火车,则需运 6 个月方能运毕④。平汉路局减免振籴运费,灾后又减收运赴灾区各站农用物品运费之半⑤。总计由民国九年始,至十年三月底止,平汉路因赈务运输所受之"损失",几达 205 万元⑥。借着铁路,大量灾民也得以迅速至外逃难,例如河北

① 《续修陕西通志稿》,卷 127,页 2 上。

② 上海京直奉义赈会,《京直奉义赈会报告书》(上海:中华书局,民国七年),页 13;京畿水灾善后事宜处,《京畿水灾善后摘要录》(出版地点不详,民国二十年),页 87。

③ *The North China Famine of* 1920-1921,*With Special Reference to the West Chihli Area* (Peking: the Peking United International Famine Relief Committee,1922),p. 15. 参见:黄泽苍,《中国天灾问题》(上海:商务印书馆,民国二十四年),页 43。

④ Ibid.,p. 85. 关于这次饥荒,亦可参阅:Andrew James Nathan, *A History of the Chinese International Famine Relief Commission* (Cambridge, Mass.: Harvard East Asian Research Center,1965),ch. 1.

⑤ 《京汉铁路管理局公报》,第 8 期(民国十年二月二十日),页 75—77。

⑥ 《京汉铁路管理局公报》,第 31 期(民国十年十月上旬),页 49。

磁县当时饥民攀搭平汉路火车就食他方的,日以万计[1]。若无铁路,则灾情将不堪设想。因此,此次饥荒的死亡人数之所以能减至 50 万以下,平汉路所提供迅速价廉的服务实居关键性的地位[2]。

---

[1] 黄希文等纂辑,《磁县县志》,民国三十年,卷 20,页 3。

[2] Mallory, *op. cit.*, p. 30.

第五章　平汉路与华北工矿业的发展

第一节　煤业的发展

由于外国工程师的探勘,清代中叶国人即已明了华北各省如山西、河南的矿藏丰富,甚至超过英国[1]。但是苦无适当的运输工具而不能大量开采。运输不便所造成的结果便是产地价格和市场价格差异的悬殊。光绪元年(1875)清廷官员在讨论于磁州(位于河北南部,后为平汉路所经)发展煤矿的前途时,美国驻天津的领事即曾指出煤在矿区可以每吨9角至1元2角5分购得,但是运费高昂,煤每运10英里价格即需加倍,以致在天津每吨价格无法低于14元[2]。又如河南怀庆府的太行山产焦炭,价格每吨为1两3钱,运过怀庆约39英里至黄河岸,即加价5倍。更值得注意的是,山西煤、铁储量丰富,闻名已久,许多地区在

---

①　马建忠,《铁道论》,《适可斋记言记行》,光绪二十二年,卷1,页6上。

②　*Papers Relating to the Foreign Relations of the United States 1875* (Washington：Government Printing Office,1875),Vol. 1,p. 267.

宋代即已普遍不用柴薪而用煤作为燃料,器具则多以铁铸,甚至茶壶、酒壶、洗脸盆也是如此,可说是"炭窑遍村乡,冶坊满街市"。但是由于运输困难,市场无法扩大。据估计,山西吉州每吨煤值3钱,运出30英里外,则成本增至10倍;太原每吨煤值2钱余,运10英里则需增加1两以上,因此市场仅限于河南南部和北京,并且即使是如此,所获利润仍微不足道①。

由以上的几个例子可以看出,华北的矿藏虽然丰富,但是由于运输的困难,在近代铁路完成以前,实无法作大规模的开采以满足工业的需要,这种情形可与英国在工业革命前的情形作一对照。英国之所以能够早在1540—1640年之间即历经了"初期的工业革命"("early industrial revolution"),一项重要的因素即为水运的便利使得英国于十六世纪即能开采煤矿,取代木材作为燃料,并且不仅是供给家庭使用,同时也能供应工业上的需要②。

在华北的铁路出现后,这种情形应有重大的改变。一方面,运输费用的降低将可使市场扩大;另一方面,铁路的营运必须消耗大量的煤,成为煤矿的固定消费者;同时煤业的发达也将使铁路营运的成本降低,路矿两方实居相辅相成的地位。

平汉路的路矿关系向称密切,沿线矿产以煤矿为最多,计已开、未开大小各矿约有30余处,此外尚有坨里、周口店等处土窑数十座。平汉路北段运输即以煤矿为大宗,在常年约占各种货运的半数以上。其已开各矿以机械方法开采,具有较大规模,由本路直接运输者,计有高

---

① 《中国煤矿》,收于:倚剑生,《中外大事汇记》,光绪二十四年,《矿务汇》,第9,页13上。

② Carlo M. Cipolla, *Before the Industrial Revolution: European Society and Economy,1000-1700* (N. Y. : W. W. Norton & Co. ,1976),p. 268.

邑的临城矿、马头镇的怡立矿、光禄镇的中和矿、丰乐镇的六河沟矿；由
他路间接转入本路者，计有正太路的井陉、正丰及保晋等三矿，其余各
大小矿窑均由石家庄转运，又道清路的中原矿由新乡转运；其未开各
矿，及已开而仅具小规模者，或因资本微薄，无力图谋远大计划，或因矿
场距离路线过远，铺设枝路不甚经济，故虽在沿线附近，而由平汉路运
输者，实属寥寥①。

　　为了促进路矿之间的关系，许多国家的公营铁路对于输送公营煤
矿这种内部交易(internal transactions)的运费率均采取边际成本运费
政策(marginal cost pricing)②。平汉路由于种种内在、外在的因素，对
于煤矿运费率所作的增减调整，也常使矿业的发展，甚至路矿关系随之
而发生变动。清末的华北地区专赖开平煤及北京附近的西山煤，平汉
路通车后，河南煤输往天津者间或有之，但由于运费甚巨，以致无法发
展③。如河南彰德、直隶磁州一带产煤极旺，火车每辆运煤 25 吨，由磁
州、彰德至汉口或北京，运费约在 100 元左右，以致行销不畅④。井陉
煤和河南的清化煤也有类似的情形⑤。由于市场无法扩大，致使清末
内地煤之产自湖北、河南者为数不多，仅够自给，不能运远⑥。宣统年

---

　　①　平汉铁路管理委员会，《平汉年鉴》(汉口：编者，民国二十一年)，页 330—
331；实业部国际贸易局编，《煤》(上海：商务印书馆，民国二十九年)，页 61—62。

　　②　A. R. Prest, *Transport Economics in Developing Countries* (N. Y.：
Frederick A. Praeger, 1969)，p. 28.

　　③　杨志洵，《中国各口煤炭之供求概况》，《商务官报》，第 12 期(光绪三十三
年五月十五日)，页 31。

　　④　《邮传部奏议覆晋抚宝棻御史徐定超等奏运煤减价办法折》，《商务官
报》，第 13 期(宣统元年四月二十五日)，页 6。

　　⑤　杨志洵，《天津商况》，《商务官报》，第 25 期(宣统元年八月二十五日)，页
33。

　　⑥　杨志洵，《中国各口煤炭之供求概况》(续)，《商务官报》，第 13 期(光绪三
十三年五月二十五日)，页 24—25。

间邮传部对直、豫、晋三省煤矿运费一律核减,情形才略为好转①。民国十四年以前,平汉路运煤百吨的费用为每公里 0.6825 美元。但至十四年,运费率竟增至近 3.5 倍②,较国内其他各路以及他国铁路均高出甚多(见表四十二)。由于运费率提高,煤斤的运量于是大为减少,汉口煤市状况顿形艰困,致抚顺煤和开滦煤在其中占去百分之二三十,路矿双方损失均重③。虽然如此,平汉路局和沿线各矿由于订有运煤互惠专价合同,各矿尚能勉强发展,运量至民国十三、十四年间已增至每年 5 百万吨,其中煤运可得半数,全路开支仅煤运一项所得即可相抵。至民国十六年二月,平汉路北段当局为增加收入,将全路各矿运费专价合同一律取消,并改以现金缴纳运费,所欠各矿焦煤款项也一概不理。各巨矿遭此变,营业运销几乎完全停顿;平汉路局也因无煤可运,收入锐减,路矿双方同时进入半眠状态(如表四十三所示)。

表四十二:各国铁路运煤运费比较表(运一百英里)

单位:圆

国　　　名	煤　　矿	装载量	每吨公里	每吨华里
英(内地用煤)			0.020	0.012
英(约克郡至伦敦)			0.014	0.0083
法			0.032	0.019
美			0.013	0.008
日(九州铁道)			0.0025	0.0045
日(北海道)	普　通　煤		0.015	0.0088

---

① 《平汉年鉴》,页 331、340。但是民国五年平汉路琉璃河车站(距北京站 50 公里)所停放煤车仍来自京奉路,可见临城、井陉的煤价尚不及唐山、开平。参阅:林传甲,《易县入京纪程》,《地学杂志》,第 8 年第 1 期(民国六年一月),页 11。

② MC, *Decennial Reports, 1922-1931*, Tientsin, p. 371.

③ 《平汉年鉴》,页 331。

（续）

国　　名	煤　　矿	装载量	每吨公里	每吨华里
日（北海道）	30万吨以上		0.0075	0.0045
京　汉	六等货通例	整车装运	0.0183	0.0107
京　汉	普　通　煤	整车装运	0.0156	0.0085
京　汉	晋　　煤	整车装运	0.0129	0.0076
京　汉	晋　　煤	400吨整列车	0.00734	0.00432
正　太	晋红煤运京奉	20吨车	0.02662	0.01565
京　奉	晋　　煤	20吨车	0.00843	0.00437
京　汉	临　城　煤	20吨车至丰台340公里	0.006706	0.00335
京　奉	临　城　煤	20吨车	0.01053	0.00618
京　绥	六　等　货	20吨车	0.0107	0.0063
正　太	晋红煤运京奉	20吨车	0.0237	0.014
京　奉	六　等　货	20吨车	0.0107	0.0063
京　奉	开　滦　煤	20吨车	0.008412	0.00437
津　浦	—	20吨车	0.008412	—

资料来源：翁文灏，《路矿关系论》（出版地点不详，民国十七年），页13—14。

表四十三：平汉路运载矿产品吨数及进款表（民国四至二十年）

年　　度	吨　　数	进　　款
四	1,520,705	2,759,656.65
五	1,658,421	3,087,982.99
六	1,900,911	3,421,370.81
七	2,067,349	5,384,270.48
八	2,385,435	5,509,633.79
九	2,402,629	5,875,868.25
十	2,720,856	5,961,000.40
十一	2,339,817	5,999,667.36

(续)

年　度	吨　　数	进　　款
十二	3,633,996	8,135,792.76
十三	3,111,050	6,765,987.82
十四	2,098,209	3,305,804.98
十五	1,126,642	1,953,480.97
十六	931,959	2,178,325.55
十七	756,333	1,719,509.31
十八	1,118,559	2,829,901.97
十九	1,279,802	3,582,930.92
二十	1,923,976	5,237,693.89

资料来源:平汉铁路管理委员会,《平汉年鉴》(汉口:平汉铁路管理委员会,民国二十一年),页632。民国四年以前各项货运甚稀,尚未分类记载。

于是,日本、安南、抚顺等外煤又得以再度进入,运销长江一带,以至宜昌、重庆等处,沿平汉路之各矿至此陷于困境,全国因煤损失之数,每年不下八九千万元之巨。至各种实业因煤料缺乏或因运费高昂连带倒闭、歇业以及间接所受损失,则又加倍不止①。直至全路统一后这种情形才逐渐改善。但是煤业的经营者仍常抱怨运费过高,无法和外煤竞争。如井陉煤矿由石家庄运煤至汉口共927公里,平汉路自民国二十一年实行新三十二款后,每吨运费计7元6角5分,再加成本3元3角零6厘及其他担运等费,每吨在汉口售价非至十二三元无法获利,而沿站各地销场亦因运费增加而销路滞塞②。又如民国二十一年时,临城煤每吨山价2元5角,由临城至塘沽每吨运费5元7角,由塘沽至上海运费1元9角,再沿途装卸、驳船、货栈、脚行等花费,每吨在上海卖

① 铁道部全国铁路商运会议办事处编,《全国铁路商运会议汇刊》(南京:编者,民国二十年),页101—102。

② 《井陉煤矿概况续纪》,《河北月刊》,第3卷第4期(民国二十四年四月),页2。

价 11 元 5 角,尚赔偿 8 角。又据实地调查,日煤在汉口卖日金 8 元(合国币 10 元)即有利可图,而平汉线磁州及六河沟煤至汉口则非卖 14 元不足成本①。表四十四、四十五则显示出,运费的高昂使得河北、河南二地的煤矿无法在汉口和外地来的煤竞争。

表四十四:各煤矿煤焦至武汉运费表

矿 名	与武汉距离(公里)	每公吨运费(元)
井 陉 煤 矿	931	7.54
临 城 煤 矿	873	6.74
磁县怡立煤矿	756	5.84
六 河 沟 煤 矿	721	5.71
中 原 煤 矿	594	4.97
萍 乡 煤 矿	509	5.75

资料来源:陈维、彭敝,《江西萍乡安源煤矿调查报告》,民国二十四年,转引自陈真,《中国近代工业史资料》,第 3 辑(北京:三联书店,1961 年),页 456。

表四十五:各煤矿煤焦在汉口销售成本(民国二十四年一月)

单位:元

	萍乡煤矿	开滦煤矿	井陉煤矿	六河沟煤矿
至起运站成本	4.40	3.68	3.25	4.12
铁路运费	4.60	1.54	6.65	5.31
船 运 费		3.50		
杂 费	0.51	1.65	0.94	1.33
合 计	9.51	10.37	10.84	10.76
市 价	10.00	12.50	12.20	12.00

资料来源:侯德封,《第五次中国矿业纪要》,页 101,转引自全汉昇,《汉冶萍公司史略》(香港:香港中文大学出版社,1972 年),页 248。

---

① 蒋汝中,《最近三年河北实业议案辑要(自民国二十一年至二十三年)》,《河北月刊》,第 3 卷第 10 期(民国二十四年十月),页 5。

第二节　铁路的向后连锁影响

如依赫胥曼（Albert Hirschman）的说法，铁路的向后连锁影响
（backward linkage effects）应指由于修筑、营运、维护铁路的需要，而产
生的投入（inputs）[1]。

由平汉路民国二十年年底的资本账显示，铁路最主要的成本为车
辆和轨道，二者即占了一半以上（见表四十六）。平汉路和中国其他铁
路相同，所用车辆完全购自外国，全线完工时计有机车 89 辆、客车 178
辆、货车 2,192 辆，其中机车几乎全为比、法制造[2]，而历年添购的机车

表四十六：平汉路资本账建筑概数表

单位：元

类　　　　　别	自开办起至二十年年底止	百分比(%)
总　　务　　费	11,292,800	10.48
购　　　　地	3,906,900	3.63
路　基　及　隧　道	6,763,200	6.27
桥　　　　工	16,287,700	15.12
轨　　　　道	20,340,500	18.88

---

[1]　Albert O. Hirschman, *The Strategy for the Economic Development*（New Haven and London：Yale University Pr.，1958），p. 100. "连锁影响"一概念的限制可参阅：Everette E. Hagen, *The Economics of Development*（Homewood：Richard D. Irwin, Inc.，revised ed.，1975），pp. 203-204.

[2]　《交通史路政篇》，第 8 册，页 119。修筑卢汉路，对于法国工业的贡献，详见：Francois Crouzet, "When the Railways were Built：A French Engineering Firm during the 'Great Depression' and After," in Sheila Marriner, ed.，*Business and Businessmen：Studies in Business, Economic and Accounting History*（Liverpool：Liverpool University Press, 1978），pp. 105-139.

（续）

类　　　别	自开办起至二十年年底止	百分比(%)
号 志 及 转 辙 器	1,455,500	1.35
车 站 及 房 屋	7,200,100	6.68
机 器 厂	1,268,200	1.18
机 件 之 设 备	1,258,500	1.16
车 辆	35,461,200	32.91
维 持 费	1,888,500	1.76
电 报 、 电 话	484,500	0.45
船坞及浮水设备品	138,800	0.13
共 计	107,746,400	100

资料来源:《平汉年鉴》,页 622。

也大多向比、法购买,如民国十一年订购之机车 30 辆、客车 400 辆,民国二十年购买之货车 40 辆[1]。据资源委员会的调查,民国二十四年平汉路共有机车 219 辆,其中比国制 89 辆、法国制 64 辆、美国制 49 辆、英国制 10 辆、中国制 6 辆、德国制 1 辆[2]。至于钢轨,由于张之洞曾奏请清廷卢汉路所用路轨必须向汉阳铁厂购买[3],因此汉阳铁厂创办的主要目的即是制造钢轨供卢汉路使用,而汉阳铁厂也完成了它的任务。平汉全线钢轨除了有 30 英里为英国三德堡(Sandberg)公司出品外,其

---

① 《交通史路政篇》,页 1123;MC,*Decennial Reports*,*1922-1931*,*Vol.1*,*p.568.*

② 宓汝成,《帝国主义与中国铁路》,页 384。据另一项统计显示,民国二十四年一月时,全路共有机车 241 辆,其中比制 84 辆、法制 77 辆、美制 70 辆、英制 10 辆。全路共有货车 4,083 辆,其中法制 1,306 辆、比制 1,293 辆、美制 945 辆、国制 536 辆。参阅支那驻屯军司令部乙嘱托铁道班,《平汉铁道调查报告——工务关系》,昭和十二年,页 134,152。

③ 中研院近代史研究所编,《海防档》(台北:编者,1957 年),丙册,页 248;《张文襄公全集》,卷 44,页 6。

余均为汉阳铁厂出品①。此外,一些铁轨的附属品,如铁轨的座铁
(chairs)、铁轨接头处用的鱼尾片(fishplates)等,也出自汉阳铁厂②。
至民国以后,汉阳铁厂在平汉路钢轨的供应上仍占重要地位(见表四十
七)。至于桥梁、机厂以及零件,则均由日本、美国和欧洲(主要为比、
法)进口③。

在此,唯一值得讨论的是铁路所产生对于钢轨的需求,在汉阳铁厂
的发展过程中占了何种地位? 由于现存史料极为缺乏,似无法作精确
的评估。但据一项资料显示,光绪二十九年(1903)汉阳铁厂制造了
28,000吨的钢轨,其中有16,000吨以上出售于平汉路④。可见至此
时,即使在铁轨方面,平汉路在汉阳铁厂的市场中也仅占了二分之一
强。所幸的是,二十世纪以后,兴修铁路的风潮大开。据宣统二年的一
项统计,汉阳铁厂所供应的铁路包括有浙江、江苏、福建、广九、南浔、津
浦、湖南、粤汉、京绥及京汉⑤等。由此可见,汉阳铁厂所产的钢轨,价

表四十七:平汉路历年购轨表

年 月 日	轨 条 数	总 价	制 造 所
1913. 2. 14	500	319,416.06 佛郎	良 济 洋 行

---

① Percy Horace Kent, *Railway Enterprise in China: An Account of Its Origin and Development* (London: Edward Arnold, 1907), p. 103; IMC, *Decennial Reports, 1892-1901*, Vol. 1, p. 307.

② IMC, *Annual Reports and Returns of Trade*, 1903, Hankow, p, 240.

③ IMC, *Decennial Reports, 1892-1901*, Vol. 1, p. 308.

④ IMC, *Annual Reports and Returns of Trade*, 1903, Hankow, p, 240.

⑤ 全汉昇,《汉冶萍公司史略》(香港:香港中文大学出版社,1972年),页
132;曾鲲化,《中国铁路史》(北京:燕京印书局,民国十三年),页 755。清末汉阳铁
厂生产钢轨情形,可参阅:全汉昇,《从马礼逊小册子谈到清末汉阳铁厂》,清季自
强运动研讨会论文,台北,1987 年 8 月 21 日至 23 日。

（续）

年 月 日	轨 条 数	总 价	制 造 所
1913.2.14	500	190,058.45 佛郎	良 济 洋 行
1913.6.27	1,000	653,765.64 佛郎	良 济 洋 行
1913.6.27	600	39,007.53 佛郎	良 济 洋 行
1917.1.15	2,500	61,345.60 两	汉 阳 铁 厂
1917.1.15	200	432,629.41 美金	慎 昌 洋 行
1918.5.15	6,106	12,302.38 两	汉 阳 铁 厂
1918.5.15	600	187,996.07 两	汉 阳 铁 厂
1919.2.25	2,430	114,832.47 两	汉 阳 铁 厂
1919.2.25	3,400	7,851.83 两	汉 阳 铁 厂
1919.2.25	3,550	315,715.00 美金	慎 昌 洋 行
1919.2.25	250	53,880.10 两	汉 阳 铁 厂
1919.8.10	11,906	12,199.80 两	汉 阳 铁 厂
1919.8.10	1,330	21,361.60 两	汉 阳 铁 厂
1919.9.30	1,471	36,087.56 两	汉 阳 铁 厂
1919.9.30	334	1,455.73 两	汉 阳 铁 厂
1919.9.30	648	335.26 两	汉 阳 铁 厂
1919.9.30	1,134	547.39 两	汉 阳 铁 厂
1919.9.30	40	60.42 两	汉 阳 铁 厂
1919.9.30	11		
1919.9.30	18		
1919.9.30	2		
1923.8.15	4,000	2,100,000 比佛郎	比国商业公司
1924.9.11	5,334	21,753,192 英磅	法 商 史 乃 得 中 华 公 司

资料来源:《交通史路政篇》,第8册,页1078—1079。平汉路当比公司管理时,各项卷案多已散佚,故资料仅始于民国二年。

格尚能与外货竞争,且有应接不暇的趋势①。毫无疑问,平汉路对于钢轨的需求必然对汉阳铁厂的生产能力产生了一定的刺激作用。

此外,铁路需要消耗大量的煤,这些煤对于附近的煤矿来说,无异是固定的消费者。平汉路早期用煤,北段购自唐山、临城、丰乐(六河沟),南段购自林西、萍乡,后与六河沟煤矿订有合同,平时不虞缺乏,自军兴后,来源即告中断;又因黄河铁桥于民国十八年被毁,更难运输至湖北;在武汉可购者,仅有萍乡煤和日煤②。据民国二十二年的统计,平汉路全年用煤 24 万吨,其中六河沟煤约 17 万吨、井陉煤 7 万吨③。而该年六河沟煤矿产煤约为 45 万吨④,其中供应平汉路的需要即占了将近 40%。

更值得注意的是,由于因应铁路的需求而兴起的机械修理业和零件制造业。

平汉路所属的机务修理厂共有三处:长辛店机厂、郑州机厂和汉口江岸机厂。铁路开办时,原分南、北二段,每段各设一机务修理厂,以供修理机车、车辆之用。北设长辛店,南设江岸,均由洋工程师管理。至铁路赎回后,营业逐渐发展,修车工作日趋繁重,原有工厂地位和机械设备均不敷应用,于是自民国元年起屡经扩充,工匠数目也逐渐增加,以适应需要。至于郑州工厂,则添设于光绪三十三年,规模狭小,仅能施行修理次要工作⑤。

由于铁道的车辆修理工作全由各路局所附设的工厂执行,其修

---

① 《宣统政纪》,卷 7,页 3。

② 盛宣怀,《愚斋存稿》,卷 16,页 21;《铁道公报》,第 5 期(民国十八年四月),页 182。

③ 实业部国际贸易局,《煤》(上海:商务印书馆,民国二十九年),页 119。

④ 河南省地质调查所,《河南省煤矿志》(出版地点不详,民国三十七年),页 118。

⑤ 《交通史路政篇》,第 8 册,页 1108—1112;铁道部铁道年鉴编纂委员会,《铁道年鉴》,第 3 卷(上海:商务印书馆,民国二十五年),页 589。

理价值于估计全国国民所得时,列入运输交通业所得[1],以致无法得知这种修理工作对国民所得作了多大的贡献。但是根据历年所修理各种车辆的数目,似可看出修理业逐渐成长的趋势(见表四十八)。可是机厂的管理却异常腐败,据资料显示,民国十一年全路车辆在厂修理者,积至 300 余辆之多,无法竣工出厂。材料缺乏固属原因之一,而工人怠于工作,任意延误实为最大之弊端。往往一工可竣者,必延至二三工。工人习于游惰并滥用材料,靡费路帑,员司又不予督促,甚至机车出厂不加检查,以致行至中途未克进驶[2]。至国民政府时期,平汉路仅有长辛店机厂拥有修理机车、客车、货车的记录(见表四十九)。

表四十八:平汉路历年工厂作业成绩表

单位:辆

年　份	造　　车			修　　车			
	客　车	货　车	计	机　车	客　车	货　车	计
民国一年		煤油车 4	4	29	602	3,004	3,635
二年			32	598	2,984	3,614	
三年			30	640	3,076	3,746	
四年				31	676	3,379	4,086
五年				34	785	3,219	4,038
六年		煤油车 11	11	40	771	3,443	4,254

---

[1]　巫宝三等,《中国国民所得(一九三三年)》(上海:中华书局,民国三十六年),下册,页 52。

[2]　《京汉铁路管理局公报》,第 63 期(民国十二年九月上旬),页 17;第 74 期(民国十二年十二月中旬),页 5。

(续)

年份	造　车			修　车			
	客　车	货　车	计	机　车	客　车	货　车	计
七年				26	857	3,798	4,081
八年				41	891	3,743	4,675
九年	膳车 2		2	45	772	3,251	4,068
十年	膳车 2		2	36	1,034	4,912	5,982
十一年				22	1,044	6,477	7,543
十二年				36	943	8,361	9,340
十三年				36	743	6,679	7,458

资料来源:《交通史路政篇》,第 8 册,页 1112—1113。

表四十九:平汉路长辛店机厂修理车辆成绩表

单位:辆

	机　车	客　车	货　车
民国十六年	16	186	917
十七年	24	228	641
十八年	15	428	724
十九年	13	222	478
二十年	5*	228*	402*

* 系六个月修理辆数。

资料来源:杨毅,《三十年来中国之铁路机械工程》,收于中国工程师学会主编,《三十年来之中国工程》(南京:编者,民国二十五年),页 14—16。

据汉猛德(H. D. Hammond)将军于抗战爆发前对全国国有铁路的调查,平汉路机厂的设备颇佳,但在修理方面,则颇为不善。机车有时尚需送至他路(如胶济路)机厂修理,在汉口的机厂有机车等候至十年之久尚未修理者①。除了修理的成绩外，由于维护铁路而产生的车辆修理业在经济发展上尚有二点意义：

第一，长辛店和江岸工厂工作，原仅限于修理房屋、工具，以及属于工务方面应用材料的零星装配，意义甚狭，故以修理厂名之。后来机器设备渐臻完善，小化铁炉能熔铸两三吨的铁。于是制造的物品日益繁多，如岔心、岔尖、号志、混凝土筒管摇车，全部风雨棚，以及一切整栋房屋的构建、钢铁机件的创制，如钻、锥之类，不下二十余种。昔日之仰赖于欧美外洋者，至此除一部分特殊器件无法仿制外，均能自行模造替代②。这种缓慢但是显著的进口取代（import substitution）过程自有助于经济发展③。

第二，这些附属于铁路的工厂，为私人部门（private sector）训练了许多的工人和企业人才，当有助于技术的散布。但是这些技术工人

表五十：平汉路历年工匠人数表（交通部估计）

年　度	长　辛　店	郑　　州	汉　　口	总　　数
宣统一年	542	61	245	848
二年	535	65	256	856
三年	576	55	265	896
民国一年	628	84	309	1,021
二年	701	117	316	1,134

①　《汉猛德将军视察中国国有铁路报告》（台北：学生书局，重印本，1970年），页25、28。

②　《平汉年鉴》，页445。

③　汉猛德将军则认为这种节省的方法全不合理，因其估计成本时仅计算材料的价值，并未计及工价。工人应用于修理方面，而不应用以制造工具，并且此种工具原可向专门的制造厂购买，其价较廉，其物较美。参阅：《汉猛德将军视察中国国有铁路报告》，页28。

（续）

年　度	长　辛　店	郑　　州	汉　口	总　　数
三年	773	119	405	1,297
四年	798	119	398	1,315
五年	803	115	401	1,319
六年	781	123	449	1,353
七年	836	142	439	1,417
八年	925	153	464	1,542
九年	877	166	479	1,522
十年	954	189	527	1,670
十一年	1,392	189	529	2,110
十二年	1,387	197	514	2,098
十三年	1,383	187	554	2,124

资料来源:《交通史路政篇》,第 8 册,页 1113—1114。

和专业人才的确实人数,则由于当时人事管理的落伍而不易获知,由五十、五十一两表所载数字差异之大即可看出①。

表五十一:平汉路历年工匠人数表(平汉路局估计)

	长　辛　店　工　厂	江　岸　工　厂
民国一年	172	62
五年	254	83
十年	648	133
十五年	491	177
二十年	426	203

资料来源:《平汉年鉴》,页 447。

---

① 又如当时在长辛店等地从事工运的共产党人邓中夏,曾在 1924 年发表的一篇文章中估计长辛店工厂雇有 3,000 人,而非交通部所估计的 700 人。参阅:人民出版社编,《第一次国内革命战争时期的工人运动》(北京:人民出版社,1954年),页 4。

综上所述,我们可以看出平汉路和中国其他铁路相同,在西方先进国家铁路发展的对比下,最显著的特征即为向后连锁影响过小,其原因有以下三点:

第一,外国势力的阻碍。在兴筑平汉路时,外国的资本、技术和管理方法弥补了中国的不足,但是也由于借款的关系使得铁路最初的重要各职全操于外人之手。借款合同中又规定修筑期间及行车后所需制造材料,除汉厂所能造者外,均归比公司承办①。洋员常会有意无意地指定他们所熟悉的自己国家所生产的类型及品质的材料②。光绪三十四年(1908)铁路赎回后,收回了代理经营权,但仍用法、比人为行车总管③。购买权虽逐渐操于国人之手④,但是并非即意味着中国的工业得到了发展的机会。自1842年关税丧失自主后,中国政府即无法采用关税壁垒政策以保护幼稚工业,也无权禁止某些货物的进口,因此必须在价格上和外人竞争。如和美国的情形作一比较,即可看出这对中国本土工业的打击极大——美国的钢铁工业进入铁路时代时,已是一健

①　王景春等编,《中国铁路借款合同全集》(北京:交通部,民国十一年),上册,页85。

②　陈璧,《密陈近日筹赎京汉铁路折》,《望岩堂奏稿》,民国二十一年,卷8,页16下;Julean Arnold, *China*:*A Commercial and Industrial Handbook*(Washington, D. C.:Government Printing Office, 1926), p. 323. 当时的外国商人多认为中国的铁路采购物件未能公平。例如某路属某国承办,需购机单材料等项,即由负责修筑的某国工程师独断独行,开列清单,暗中就该国所出货品定一格式尺寸,至开标时自然仅有该国商货合格,所购货品必归该国商行。因此名为招商投票,实则无异于专利,其中流弊必然滋多。平汉路虽于宣统年间即已赎回自营,但仍有外籍工程师存在,他国商人即常抱怨平汉路采购不公。参阅:民国元年七月八日外交部致交通部函(毛笔原件),《外交部档案》,民字第116号,《美使询问京汉路局投标事》。

③　严中平等编,《中国近代经济史统计资料选辑》,页186。

④　Arnold. ,*op*,*cit*. ,p. 323.

全的工业,并已有相当大的市场,但是即使是如此,美国的钢铁工业仍需要关税的保护以垄断铁路的市场。

第二,政府对幼稚工业未加扶助。例如汉冶萍公司除了在宣统三年(1911)曾向邮传部预支轨价银 3 百万两,以及民国元年曾向工商部请得公债 3 百万元之外,没有得到政府的任何补助。即使是在清末预支的轨价,至民国三年交通部向汉冶萍公司为陇海、吉长、张绥等铁路购轨时,便以此为借口,拒不付现,而以旧欠作抵①。更有进者,平汉路在赎回自营后,竟仍乐购外国材料,以致汉阳铁厂不敢制轨,唯恐滞销②。

第三,由于劳工价廉,铁路修筑期间毋需使用大量机械,以致铁路未能引起对于机械的较大需求。平汉路和中国其他的铁路相同,在开筑期间大多数的工作均由成群的苦力以铁铲和竹箩筐所完成。苦力的工资极为低廉,大多就地招募,每段每日雇用 4,000 名苦力,他们平均每人每日工资约为 200 文(相当于美金 2 角 5 分)③。由于劳力过于廉价,自然不会产生对于机械的需求。

虽然如此,平汉路的向后连锁影响除了煤业和机械修理业、零件制造业外,还发挥了一些潜在的功能。铁路所需要的复杂技术已为传统的士大夫所无法胜任,开始需要的是专业人员,如工程师、会计人员及其他技术人员。由于兴筑和维护铁路而促进了专业阶层和专业化态度的养成,实具有其重大意义。

---

① 全汉昇,《汉冶萍公司史略》,页 241。

② 徐树铮,《建国铨真》(出版地点不详,民国十年),页 93 下。

③ IMC, *Decennial Reports*, *1892-1901*, Vol. l, p. 307.

第六章 结 论

　　现代研究经济发展的学者大多认为政府在发展中国家经济发展的
过程中应扮演重要角色。有些学者甚至主张在一般低所得国家中，政
府部门至少应占有国民生产总值（GNP）的 12％。但是十九世纪的清
政府财政困窘，据估计光绪三十四年（1908）政府的税收仅占该年国民
生产净值（NNP）的 2.4％[1]，实无能力从事全面的大规模建设，以致清
廷在西力冲击下所产生的重商主义运动[2]，除了一些有限的制度改革，

<hr>

[1]　Yeh-chien Wang, *Land Taxation in Imperial China*, 1750-1911 （Cam-
bridge, Mass. ：Harvard Univ. Pr. ,1973）, p. 133. 即使是大多数欧洲经济发展先进
的国家，在十九世纪中叶时的公共开支仍仅占其国民所得的 2％—6％。参阅：
Carlo M. Cipolla, *Before the Industrialization：European Society and Economy*,
1000-1700 （N. Y. ：W. W. Norton, 1976）, p. 47.

[2]　李陈顺妍，《晚清的重商主义运动》，《中研院近代史研究所集刊》，第 3 期上
册（1972 年 7 月），页 207—221；王尔敏，《中国近代之工商致富论与商贸体制之西
化》，收于：中研院编，《中研院国际汉学会议论文集》（台北：编者印行，1981 年），历史
考古组（下册），页 1215—1262；Wellington K. K. Chan, *Merchsnts Mandarins and
Modern Enterprise in Late Ch'ing China* （Cambridge, Mass. ：Harvard University
Press, 1977）；阮忠仁，《清末民初农工商机构的设立——政府与经济现代化关系之检
讨（1903—1916）》，未刊硕士论文，台湾师范大学历史研究所，1987 年。

如商部的成立、商业法规的颁布和对于新式企业的鼓励外,只能优先致力于铁路的兴建。在清末官绅的眼中,除了国防的利益外,铁路将广泛的刺激各部门的成长而使中国走上富强的道路,但是由平汉铁路的例子可以看出,由于下面几种为他们所忽略的因素,而使得铁路在中国经济发展的过程中无法和西方的铁路一样地扮演重要的角色。

第一,和西方先进国家的铁路相较之下,中国铁路的最大特征即为无法引起向后的连锁影响。其理由至为明显,在英、美、法等国,铁路不但是推动工业化的一股力量,其自身也是这股力量的显示——在铁路时代来临前,运河和公路早已密集发展了数十年,并且已有改进交通的强烈需要,受铁路影响而增加需要的钢铁工业也早已具有坚实的基础[①]。但是近代中国的情形实非如此,由平汉铁路的例子看来,修筑和维护所需的材料,除了钢轨部分由汉阳铁厂供应外,其余大多来自外国,减少了予以本土工业刺激的机会。

第二,由于所经路线的良好,平汉路与北宁路的营业赢余尚可资助国内其他铁路,如正太、粤汉线的修筑[②],但是由于民国时期长期的内战以及内部经营的不善,运输费用方面并无重大的突破,因而铁路的功能也无法作充分的发挥。

第三,西方经济发展的经验显示,进入起飞阶段前和已进入起飞阶段的社会,其资本形成的特征为总投资中均有极高的比例是投资于运输及其他社会公财(social overhead capital)。社会公财除了在数量上的重

---

① Arthur L. Rosenbaum,"Railway Enterprise and Economic Development: The Case of Imperial Railways of North China," *Modern China*,2:2(April 1976).

② 《京汉铁路管理局公报》,第5期(民国十年一月二十日),页35—40;第6期(民国十年一月三十日),页4—5;邮传部编,《邮传部奏议续编》,宣统三年,《路政》,页30。

要性外,尚有三项与一般性的投资不同之处——其形成(gestation)与获得利益所需的时间较长、规模巨大,以及获得利益的不直接[1]。这三项特征注定了政府在投资社会公财的过程中应扮演极重要的角色。因此,即使是如 1815 至 1840 年之间的美国这种资本主义高度发展的过渡社会,中央和地方政府在发动建立社会公财的工作中,仍扮演一主要角色。美国横贯东西的铁路网即是在联邦政府以拨给土地(land grams)的方式补助下完成的[2]。除了大力支援铁路的建筑以外,有些政府更配合铁路的发展制定许多计划,使铁路对经济的冲击更为加大,如十九世纪末叶俄国政府在维特(Serge de Witte)领导下所实行的一些措施——高价购买本国产品以鼓励私人工业,订购时先付款(prepaid orders)作为政府的直接投资,实行极高的关税壁垒,制定政策吸收外国投资[3]。至于同时期的清朝政府,虽能了解到铁路的经济利益,但是由于畏惧洋人势力侵入内地,因而不愿修筑铁路,甚至对于民间的倡设也多加阻挠,使得铁路的发展延误多年。何启、胡礼垣对此即有颇深的感触:

> 中国于铁路,其利岂日不知,而或以为假道于敌人,或以为有伤于风水,道旁作舍,专用无成……甚至民间有所倡设,官府亦多阻挠,务使其不能而后已。噫! 亦知泰西各国,凡民间有所倡设铁路者,国家必多方资助,以底厥成乎? 外国国家之用心如彼,宜其

---

[1] Everette E Hagen, *The Economics of Development* (Homewood: Richard D. Irwin, Inc. , rev. ed. , 1975), p. 171.

[2] W. W. Rostow, *The Stages of Economic Growth* (Cambridge: Cambridge Univ. Pr. , 1960), p. 24.

[3] Cyril E. Black, *et al.* , *The Modernization of Japan and Russia* (N. Y. : The Free Pr. , 1975), p. 173.

国势日进于富强;中国国家之用心乃竟如此,宜其国势日趋于衰弱也①。

若想增加铁路的功能,政府至少应同时发展一适宜的公路系统②,废除厘金③,降低运费,但是在国民政府统一全国前,中国政府对此则根本未加重视。

第四,中国近代的经济问题过于复杂,绝非运输费用的少量减少即可解决。铁路带动新工业的产生以及农业活动之程度,尚赖此经济内其他的状况而定。这些状况包括行政结构和社会秩序之优劣、教育系统的特质和倾向、法律和所有权关系(legal and property relationships)的性质,以及此国家其他各方面的"成长倾向"("propensity to grow")④。在各方面仍停留于传统状况下,铁路所产生的影响必定有限,平汉铁路虽使华北商业化的程度增加,但是并未导致技术的现代化,即为一个典型的例子。罗斯托(Rostow)也曾指出铁路系统尚需有

----

① 何启、胡礼垣,《新政论议》,《新政真诠》,光绪二十七年,第 2 篇,页 16—17。

② 国民政府在抗战前虽曾积极发展公路,但主要乃是因应军事上的需要,尚未能有计划地以公路作为铁路的给养线(feeders),以致公路、铁路和水运之间缺乏协调。参阅:骆耕漠,《中国交通问题讲话》,《中国农村》,第 2 卷第 10 期(民国二十五年十月),页 24;Franklin L. Ho,"The Reminiscenes of Ho Lien(Franklin Ho)."转引自 Lloyd E. Eastman, *The Abortive Revolution: China under Nationalist Rule*, 1927-1937 (*Cambridge, Mass.: Harvard Univ. Press*, 1974), p. 211. 由于区域内交通设施缺乏,致使铁路未能改变乡村生活的例子,可参阅:Randy Stross, "Marketing and Modernization in Republican China's Countryside: The Puzzling Case of Western Jiangsu," *Republican China*, 9:2 (Feb. 1984), pp. 1-7.

③ 民国二十年厘金制取消后,华北铁路的收入几乎增加了一倍。MC, *Decennial Reports*, 1922-1931, Vol. 1, p. 377.

④ Hans Heymann, Jr., "The Objectives of Transportation," in Gary Fromm, ed., *Transport Investment and Economic Development* (Washington, D. C.: The Brookings Institution, 1965), p. 31.

先决条件才能充分发挥其功能：

> 当一个社会在制度上、社会上和政治上已发展出起飞所需的
> 深厚先决条件,则铁路系统的快速成长加上这三项有力的影响,通
> 常均可促成经济进入自我持续成长(self-sustained growth);但是
> 当先决条件未具备时,即使有大量的铁路兴筑,也无法使经济起
> 飞,例如印度、中国、1895 年前的加拿大和 1914 年前的阿根
> 廷等①。

总之,铁路发展和其他运输的改进只是经济成长的条件之一,清末
官绅由于高估了铁路的连锁影响,而认为铁路将毫无疑问地会带动整
个经济的成长,由平汉铁路的例子,即可证明此种想法实过于乐观,当
代发展中国家经济发展策略的制定者也可由这个例子获得警惕。

铁路对华北经济的贡献虽无法和西欧、美国的铁路相比,但是仍有
其重要地位。二十世纪初,华北经济所面临的是一个技术停滞、人口不
断增加的困窘情境②,平汉和其他铁路的出现,一方面有助于农村过剩
人口移往东北,减轻了华北的人口压力③,也促进东北的开发;另一方
面有助于经济作物的推广,促进了土地的利用④,并增加了农民的收

---

① Rostow, *The Stages of Economic Growth*, p. 56. 亦可参阅: Idem, *The World Economy: History and Prospect* (Austin and London: Univ. of Texas Press, 1978), p. 153.

② 详见: Philip C. C. Huang, *The Peasant Economy and Social Change in North China* (Stanford: Stanford University Press, 1985).

③ 据一项估计显示,1891 至 1942 年之间,由于移民东北,华北的人口几乎减少了 1,000 万人之多。参阅: Thomas R. Gottschang, "Economic Change, Disasters, and Migration: The Historical Case of Manchuria," *Economic Development and Cultural Change*, 35:3(April 1987), p. 483.

④ 如河南、湖北所出产的芝麻即多种植于无法种稻的土地。参阅: IMC, *Hankow Trade Report for the Year 1894*. p. 107.

入;而铁路沿线所兴起的一些煤矿业及小型工业也吸收了一些剩余的劳动力,至于铁路对于市场的加深和区域间贸易的促进,则有助于国内市场的整合,以及国内市场与国际市场之间的整合。这些功能虽未使得整个经济结构改变,但是至少使华北农业的危机得以和缓。1930年代某些人认为铁路将促进农村破产的悲观论调,实由于意识形态上的成见所致,至少在本书中并无法得到支持。